易経でもっと幸せになる

64の人生レッスン

渡邊 真希
WATANABE Maki

文芸社

はじめに

この本を手にとってくださり、ありがとうございます。
本書は、**「易経で、もっとあなたの人生をあなたらしく充実させてみませんか？」**と提案する、大人の女性への人生応援ＢＯＯＫです。

「易経」の人生レッスンで、あなたはこう変われる！

- 恋愛力がつく
- 魅力が増す
- 自信・実力がつく
- 人気がでる
- 人間関係が広がる
- 運をつかめる
- 自由が手に入る
- 自立できる

はじめは最初から最後まで通して読むことをおすすめしますが、気になるページを拾い読みする、興味あるレッスンから試す、困ったときにヒントを探して読み返すなど、自由に活用していただけます。

なぜ「易経」なのか？

易経とは、四書五経（中国を代表する古典書）の最古のもので、東洋思想の基本とされる書物です。易経は哲学と占いの要素を兼ねそなえており、古代中国では歴代の王が、国や民を正しく導くために活用してきたという歴史があります。

というと、難しそうだなと思われるかもしれませんが、易経の内容をかんたんに言うと、幸・不幸、始まり・終わり、慶事と凶事、災害、事件、事故など、この世に起こるあらゆる現象を64パターンの法則に分け、それぞれの対処法を説いたものです。物事はつねに移り変わり、悪いことばかりではないけれど、良いこともつづかない。でも、変化の予兆に早く気づけば対応できる、というものが、易経の主な教えです。

易経は何千年も前につくられた古い本ですが、その教えは現代を生きるわたしたちの行く道も明るく照らし、人生を自分らしく切り開くために役立つ多くの気づきを与えてくれます。

この本は主に大人の女性を対象にしていますが「恋愛」をしたことのある、あるいはこれからしたいと思うすべての方々に使っていただけます。なぜなら、恋愛は学びが多く、うまくいかない苦しいときにどう乗り越えればいいかという練習も自発的にできて、自分がみがかれ、きたえられるからです。

好きな人ができて相思相愛になりたいと思ったら、相手をよく観察し、自分のことも見つめ直し、相手とのコミュニケーション方法などいろいろな工夫や努力をしますよね。そうした経験からわかることは、たとえば職場の人間関係で悩んだときなど、恋愛とは一見関係がなさそうな、人生のあらゆる場面にも応用できます。易経の教えと恋愛で学ぶことを合わせれば、現代において最強の学びができると考えています。「恋愛＝人生のチャンス」とも言えます。どちらも突然やってきて、努力してつかめたら最高にうれしいし、もし不本意な結果に終わったとしても、あなたの人生を豊かにします。

この本のレッスンは、上・下の2ステップあります。

「上」のLESSON1～30のテーマは、「自分らしさをみがき、真の自立をする」。

自分がほんとうにしたいことを発見し、それを自分の力で達成できるように、ライフスキルをみがくことをめざしています。

「下」のLESSON31～64のテーマは、「社会のなかで自分らしく輝く」。

社会や他者とうまく関わりながら、自分の能力や魅力を生かして認められるためのソーシャルスキルをきたえます。このスキルは、自分が幸せになり、それと同時に、まわりの人たちに幸せを分け与えることにも役立ちます。

本書のレッスンのめざすゴールは、

「わたしの未来は明るい！」

と、心から信じられるようになることです。

この本を読んだことで、

「なんだかわからないけど、ひらめいた！　わたしもやってみよう」

という気持ちになっていただけるように祈りを込めて書いています。

セルフ占いの方法

本書をつかって、かんたんな占いができます。本格的な易占いでは、筮竹《ぜいちく》、八面体・六面体のサイコロ、コインなどを用いますが、本書は、それをアレンジして、巻末の綴《と》じ込み付録の八面体サイコロ2個で占います。

サイコロの準備

① 「八面体サイコロ展開図」2個分を切り取ります。
② 折り線にそって折り、八面体のかたちにします。
③ 糊やテープで貼って、サイコロを完成させましょう。

占い方

① 八面体サイコロ2個を両手で包むように握ります。
② 占いたいことを心の中で思い浮かべながらサイコロを振り、机など平らな台の上に転がします。

③ 2つのサイコロのでた目の数字を、次ページの「易経×恋愛」64卦一覧表にあてはめ、題卦とページを見つけて、本文を読みます。これが占いの結果になります。

Ⅰの白いサイコロ（上卦）のでた目が7、Ⅱのピンクのサイコロ（下卦）のでた目が8なら「沢山咸」となり、66ページの第31卦を読むことができます。

八面体サイコロの数字と意味（八卦）

6 乾（天）　7 兌（沢）
9 離（火）　3 震（雷）
4 巽（風）　1 坎（水）
8 艮（山）　2 坤（地）

白いサイコロ

ピンクのサイコロ

坤（地）2	艮（山）8	坎（水）1	巽（風）4	震（雷）3	離（火）9	兌（沢）7	乾（天）6	上卦／下卦
地天泰 P29	山天大畜 P54	水天需 P22	風天小畜 P26	雷天大壮 P72	火天大有 P33	沢天夬 P86	乾為天 P14	乾（天）6
地沢臨 P42	山沢損 P84	水沢節 P110	風沢中孚 P111	雷沢帰妹 P101	火沢睽 P79	兌為沢 P108	天沢履 P28	兌（沢）7
地火明夷 P76	山火賁 P46	水火既済 P114	風火家人 P78	雷火豊 P102	離為火 P62	沢火革 P96	天火同人 P32	離（火）9
地雷復 P50	山雷頤 P56	水雷屯 P18	風雷益 P85	震為雷 P98	火雷噬嗑 P44	沢雷随 P38	天雷无妄 P52	震（雷）3
地風升 P90	山風蠱 P40	水風井 P94	巽為風 P106	雷風恒 P68	火風鼎 P97	沢風大過 P58	天風姤 P88	巽（風）4
地水師 P24	山水蒙 P20	坎為水 P60	風水渙 P109	雷水解 P82	火水未済 P116	沢水困 P92	天水訟 P23	坎（水）1
地山謙 P34	艮為山 P99	水山蹇 P80	風山漸 P100	雷山小過 P112	火山旅 P104	沢山咸 P66	天山遯 P70	艮（山）8
坤為地 P16	山地剝 P48	水地比 P25	風地観 P43	雷地豫 P36	火地晋 P74	沢地萃 P89	天地否 P30	坤（地）2

目次　◆易経でもっと幸せになる　64の人生レッスン◆

下の巻　LESSON 31〜64

上の巻

LESSON 1 〜 30

自分らしさをみがく

LESSON 1

たくさんの好意を集める

第1卦　乾為天《けんいてん》 ䷀

〔卦辞〕乾、元亨。利貞。（乾《けん》は元《おお》いに亨《とお》る。貞に利《よ》ろし）

〔意義〕天、万物の始まり。正しい道で励めば、運気は充実、盛大となる。

チャンスは人によって運ばれてきます。つまり、出会いが多いほうが、チャンスが増えるということです。

まずは出会いの数を増やすように行動すること。そして、多くの人とかかわり、だれにでもていねいに接すると、さらにチャンスに恵まれやすくなります。

会った人に笑顔であいさつする。さりげなく気づかう。すなおに「ありがとう」と言う。そんな小さな温かいコミュニケーションの積みかさねが、あなたへの無数の好意をはぐくみます。

人に好かれる行動は、すばらしい副産物も生みます。はじめは自分のためにしていたことでも、そのポジティブな行動がまわりの人を笑顔にして、その場を明るくし、和やかに温めます。結果的に、みんなのためになっていくのです。

多くの人から好意をもたれるということは、「人気がある」ということです。人気があると、自分がなにかしたいときに、理解や協力が得やすくなります。

易経第1卦の乾為天は、万物の始まりを意味する重要な卦です。

乾為天の天とは宇宙のこと。ビッグバン以来、拡大しつづける宇宙のようにどこまでも広がって成長し、自分のすべきことを見つけ、幸せになることが、この世に生まれたわたしたちの使命。その最初の一歩を、好意の輪を広げることからぜひ始めてみていただきたいのです。

また、あなた自身が好きなものも探してみましょう。「なんとなく好き」から「熱愛」まで、いろいろな「好き」がありますが、とくに「熱愛」レベルで好きな人・ものに出会えるのは、じつはとても奇跡的。もし出会ったら、全力でその好きなものに取り組みましょう！

◆易経×恋愛アドバイス◆　果てしない宇宙のように、あなたの可能性は無限大。

LESSON 2

できることを増やそう

第2卦　坤為地《こんいち》 ䷁

〔卦辞〕坤、元亨。利牝馬之貞。君子有攸往、先迷、後得主。利西南得朋、東北喪朋。安貞吉。（坤《こん》は元《おお》いに亨《とお》る。牝馬《ひんば》の貞に利《よ》ろし。君子往くところあるに、先《さき》だつときは迷い、後《おく》るるときは主を得《う》。西南には朋を得、東北には朋を喪《うしな》うに利ろし。貞に安んずれば吉）

〔意義〕大地。牝馬のように従順に困難を受け入れ、力を蓄える。

絶好のチャンスが目の前にやってきても、それをつかめないときもあります。チャンスは単なるきっかけにすぎず、そこから一所懸命がんばって、かたちにする、ものにする、成果をあげるという、目に見える行動が必要になるからです。

せっかくチャンスがきたのに「自信がない」「実力も足りない」「わたしでいいの？」と迷って、逃してしまうのはもったいない。好きな人に告白されて、「あなたにつりあう自信がない」とぐずぐずしていたら、うまくいく恋愛も逃してしまいます。

チャンスを逃さないコツは、勇気をもって迷わずつかむこと。それには、「自分を信じる力」が必要です。自分を信じる力をやしなうには、実力をつけるのが一番。

たとえば、衣食住を充実させる、ほしいものは自分で買う、なにかコツコツつづけてみるなど、まずは小さなことで十分なので、ふだんの生活で「自分でできること」を増やしてみましょう。そこから自信が芽生えていき、だんだん大きな自信に育っていきます。自分でできることが増えることで、自分から幸せをつかむ人生を歩んでいけるようになります。

易経第2卦の坤為地も重要な卦。第1卦の乾為天と対になります。坤為地の地は、大地のこと。わたしたちの足下にある大地は踏まれても耐え、天から降ってくるあらゆることを受け入れます。しかし大地はその奥深くに、莫大なエネルギーのマグマをたくわえています。坤為地という卦は困難なときはじっと耐え、力をたくわえておくのが大事だと教えてくれます。

◆易経×恋愛アドバイス◆ できることが増えると、人気がでて、チャンスも増える。

LESSON 3

悩みを「見える化」する

第3卦　水雷屯《すいらいちゅん》 ䷂

〔卦辞〕屯、元亨。利貞。勿用有攸往。利建侯。（屯《ちゅん》は元《おお》いに亨《とお》る。貞に利《よ》ろし。往くところあるに用いることなかれ。侯を建つるに利ろし）

〔意義〕なかなか芽がでない悩み。正しい道で、先を急がないこと。

悩みの数は多いほうがよいのです。悩みとは、見方を変えると、自分をみがけるチャンス。「悩みとは、目標だ」「わたしのするべきことが見つかった」と、ポジティブに発想を変えて、今ある悩みを早く解決して楽になりましょう。

悩み解決のコツは、「悩みを見える化する」こと。まず悩みの正体をつかむことから、解決のプロセスをすすめます。悩みを一つ解決するたびに、自分がみがかれます。覚悟をきめて解決のプロセスをスタートさせれば、あとはゴールをめざすのみ。大丈夫、あなたならできます！

悩み解決のプロセス

（1）物事をシンプルに考える

悩みを悩みと自覚してない場合もあるので、まず自分の本心と向きあいます。なにに不具合を感じていて、ほんとうはどうしたいのか、すなおに考えてみましょう。

（2）自分の問題とそれ以外に分ける

①紙とペンを用意し（スマホやタブレットでもOK）、あなたを悩ます問題点を一つ一つ書きだして「見える化」します。カッコつけず、なんでも正直に書きます。

②書きだした問題点を、「現実の問題」と「気持ちの問題」に分けます。

③「現実の問題」を、〝自分の問題〟と、〝それ以外〟（他人の問題など）に分けます。〝それ以外〟の問題はあなたの責任ではないので、手放します。

（3）すぐできることから解決に着手する

〝自分の問題〟を、すぐ対応できることから一つひとつすべて解決します。

◆易経×恋愛アドバイス◆　「いつもと違うやり方」が、問題解決の突破口になる。

LESSON 4

習いごとの時間をもつ

第4卦　山水蒙《さんすいもう》　䷃

〔卦辞〕蒙、亨。匪我求童蒙、童蒙求我。初筮告。再三瀆。瀆則不告。利貞。（蒙《もう》は亨《とお》る。我より童蒙に求むるにあらず、童蒙より我に求む。初筮《しょぜい》には告ぐ。再三すれば瀆《けが》る。瀆るればすなわち告げず。貞に利《よ》ろし）

〔意義〕学びは身を助ける。

生活のなかに、習いごとの時間を取り入れてみませんか？　なにか興味を引かれる習いごとがあったら、まずは気軽に教室見学や体験講座などに行ってみてはどうでしょう。

どんな習いごとでも、メリットは多いものです。

① 楽しい

② ストレス解消になり、リフレッシュできる

③上達して、スキルが増える
④忍耐力と、自信がつく
⑤知らなかった世界の人たちと接点ができる
⑥仲間ができる。そこから一生の親友になれる可能性もある
⑦リスペクトできる先生に出会える
⑧人との距離感を学べる　など

習いごとをつづけると、目標を立てられるようになり、好んで努力するようになり、自発的に考えて工夫する習慣もつきます。そこから自分に合う習いごとが見つかったら、しばらくつづけるといいですね。

でも習いごとは縁と相性が大事。合わないなと思ったら無理につづけることはありません。また次の興味があるものを見つければいいのです。

夢中になれるなにかをもっていて、自分から行動できる人は内面から輝いているので、周囲の人たちから自然に一目置かれるようになります。

◆易経×恋愛アドバイス◆　自分のために習っていることが、いつかだれかの役に立つ。

LESSON 5

小さなトライ&エラーを積みかさねる

第5卦　水天需《すいてんじゅ》 ䷄

〔卦辞〕需、有孚。光亨。貞吉。利渉大川。（需《じゅ》は孚《まこと》あり。光《おお》いに亨《とお》る。貞なれば吉なり。大川を渉《わた》るに利《よ》ろし）

〔意義〕信じてときを待てば、願いは叶う。

人生のチャンスがめぐってくるのを待っている間は、自分という原石をみがくための試行錯誤がじっくりできる貴重な時間です。たとえば、いつもの毎日のなかで、なるべくいろいろなことを試すのも、自分みがきの一つの方法。トライに失敗はつきものだから、一度であきらめず工夫することが大事。毎日の小さなトライ&エラーから、ほんとうに好きなこと、得意なこと、うまくいく方法もわかってきます。

◆易経×恋愛アドバイス◆ ラッキーチャンスは突然くるから、予行演習《シミュレーション》は大事。

LESSON 6

「そういうこともある」と切りかえる

第6卦　天水訟《てんすいしょう》　䷅

〔卦辞〕訟、有孚有窒。惕中吉、終凶。利見大人。不利渉大川。（訟《しょう》は孚《まこと》ありて窒《ふさ》がる。惕《おそ》れて中すれば吉、終《お》われば凶なり。大人を見るに利《よ》ろし。大川を渉《わた》るに利ろしからず。）

〔意義〕争いは長引かせず、適度に切り上げよう。

人それぞれ、歩幅やリズム、タイミングは違います。人があなたの思いどおりに動いてくれるとは限らず、意見が合わないこともめずらしくないですよね。

人と意見が合わずにもめてしまったら、「自分にも人にもそれぞれの正義がある」という大切な学びの機会なのだと思って。「そういうこともある」と気持ちを切りかえ、もめごとは長引かせず、歩み寄って解決する道を探っていくほうがおたがいに幸せに近づきます。

◆易経×恋愛アドバイス◆　みんな自分のために生きているが、手を取りあえるはず。

LESSON 7

悪口をポジティブに変換する

第7卦　地水師《ちすいし》 ䷆

〔卦辞〕師、貞。丈人吉无咎。（師は貞なり。丈人なれば吉にして咎《とが》なし）

〔意義〕集団を動かすには、なにより正義に適っていなければならない。

みんなと一緒に軽い気持ちで言ってしまいやすいのが、悪口です。なぜなら、共通の話題の一つとして盛りあがりやすいからでしょう。ただ、だれかをターゲットにした悪口はあまり言うものではないですし、聞く側にもできればなりたくないですよね。どちらの場合でも、いいことにはつながりません。

悪口が聞こえたら、さりげなくポジティブな話題をだしてみんなの空気を変えるのがベスト。

◆易経×恋愛アドバイス◆悪口同様、イヤミも忘れてもらえないので、言わない。

LESSON 8

「好き」から行動する

第8卦　水地比《すいちひ》 ䷇

〔卦辞〕比、吉。原筮、元永貞、无咎。不寧方来。後夫凶。（比《ひ》は吉なり。原《たず》ね筮《うらな》いて、元《げん》永貞《えいてい》なれば咎《とが》なし。寧《やす》からざるものもまさに来る。後《おく》るる夫《もの》は凶なり）

〔意義〕人の輪を大切に。誠実に人と親しもう。

行動するほど、よいことにも出会いやすくなります。人は好きな人・ものに対しては行動力を発揮しやすいので、「好き」を使って、たくさん行動をしてみましょう。好きな人、ものに関わっている間は、とても楽しい時間のはずです。自分から精力的に関わって楽しい時間をすごしながら、その場の人たちと親しみあいましょう。自分で行動したことで、楽しいことが得られたというのは一つの成功です。どんどん行動して、あなたの「好き」で成功体験を増やしていきましょう。

◆易経×恋愛アドバイス◆　自分から動いてこそ、運気も動く。

LESSON 9

「かわいくみせること」から学ぶ

第9卦　風天小畜《ふうてんしょうちく》 ☴☰

〔卦辞〕小畜、亨。密雲不雨、自我西郊。（小畜《しょうちく》は亨《とお》る。密雲雨ふらず、わが西郊よりす）

〔意義〕まだそのときではない。短気を起こさないこと。

男女問わず、自分のかわいさを自覚して、露骨なかわいさを狙って作れるタイプの人はいます。そういう人が苦手な人にとっては、その存在はあまり気分のいいものではないかもしれませんが、うまく立ち回れる人の意見は通りやすく、居場所も確立され、まわりから自然にひいきされているのも事実です。

そのテクニックは人生のチャンスを広げる方法の一つとして、学んでみる価値があるということです。たとえば、このタイプの人を分析すると、こういった長所があります。

まわりに好かれる態度や行動　↓　まわりをよく観察している
まわりに好かれる格好や身のこなし　↓　自分の見栄えをよくする努力をしている
まわりからひいきされる　↓　期待に応えてまわりをよろこばせようとしている

まわりをよろこばせた結果、自分のためにしていることが、結果的にまわりの人のためにもなるということです。

このことを、ふだんの行動にぜひ取り入れてみませんか？　①自分も楽しみながら　②老若男女だれに対しても平等に　③自他ともに慣れるまでつづける　ことがポイントです。

とりあえずやってみること。それであなたやまわりの人が無理なくいい方向に変わったのであれば、その行動はあなたの人生にプラスになるということです。

◆易経×恋愛アドバイス◆　「よろこんでもらえたらうれしい」で行動してみよう。

LESSON 10

長くつきあうよさを知る

第10卦　天沢履《てんたくり》 ☰☱

〔卦辞〕履虎尾不咥人。亨。（虎の尾を履《ふ》むも人を咥《くら》わず。亨《とお》る）

〔意義〕実践には危険がともなうが、着実に進めば目的はかなう。

別れてもすぐ新しい恋人ができる恋愛経験の多い人は、恋が始まって成就するドキドキわくわくを何度もくりかえすことができますが、愛し愛されることを「継続」するよさを知らないのはもったいないこと。

数よりも質。長期間じっくり一人の人と向き合うことで、学べるものはたくさんあります。恋愛だけでなく、仕事や趣味、人間関係も同じです。よほどウマが合わない人でないかぎり、すぐに手放さず、長くじっくりつきあってみましょう。

◆易経×恋愛アドバイス◆　長くつづけるうちに、「これまでと違う自分」になれる。

LESSON 11

目の前のことに夢中になる

第11卦　地天泰《ちてんたい》 ☷☰

〔卦辞〕泰、小往大来。吉亨。（泰《たい》は小往《ゆ》き大来たる。吉にして亨《とお》る）

〔意義〕上下和合、泰平。万事順調だが、油断はしない。

絶好調で、波に乗っている。ラッキーが続く。そんな幸運期に、なぜか「このまま続く気がしない」「逆になにか嫌なことが起こるかもしれない」と不安になることがあります。でも、ここでお伝えしたいのは、『今の好調は過去のあなたの努力の賜《たま》物《もの》』ということ。恐れず、これまでの自分と今の自分を信じてつき進むことができれば一番よいでしょう。

不安なことは考えれば考えるほど大きくなっていきます。調子のよいときは不安を見つめる時間を作らず、今の調子がよいことにもっと夢中になるとよいでしょう。

◆易経×恋愛アドバイス◆ ラッキーなときは調子に乗らず、幸運を素直によろこぶ。

LESSON 12

「動ける人」になる

第12卦　天地否《てんちひ》 ䷋

〔卦辞〕否之匪人。不利君子貞。大往小来。（否《ひ》はこれ人にあらず。君子の貞に利《よ》ろしからず。大往《ゆ》き小来たる）

〔意義〕閉塞打開のため、現実に立ち向かう。

人生はチャンスとチャレンジに満ちています。

それでも、なかなかチャンスに恵まれない時期が続いたり、がんばっても成果がでなかったり、人生にはいろいろな時期があります。

それでも前進したいという気持ちを忘れなければ、今よりも理想に近い場所に行けるはずです。まずはあなた自身が、自分のなかにある無限の可能性を信じてあげてください。

可能性を広げるには、動いてみることが一番。だれかがなにかをしてくれるのを待っていては、よい時期を逃してしまうかもしれません。

自分から「動ける人」になるのです。

難しそうに思えるかもしれませんが、たとえば、毎日の生活をていねいに過ごすようにすることも、新しい行動の一つ。日々の仕事においても自分なりに創意工夫をこらしていける人は、すでに「動ける人」。

どんなことでも「やってみたいな」、「やってみようかな」という気持ちが大切です。そして興味をもったら、早いうちに行動に移すこと。そういった習慣づけが、あなたのなかに眠っている無限の可能性というエネルギーに火をつけ、人生をやがて大きく動かします。

動くとさまざまなことに出会います。よいことばかりとは言えません。しかし、動くことで生まれた喜怒哀楽は、あなたの実力と魅力をみがきます。つまり、どんなことが起きてもあなたの人生にとって＋《プラス》になっていくのです。動かないのは、もったいないと思いませんか？

◆易経×恋愛アドバイス◆　邪魔をする人がいても気にしない。

LESSON 13

友だちと交流する

第13卦　天火同人《てんかどうじん》 ䷌

〔卦辞〕同人于野。亨。利渉大川。利君子貞。（同人《どうじん》野においてす。亨《とお》る。大川を渉《わた》るに利《よ》ろし。君子の貞に利ろし）

〔意義〕遠近の別なく、広く同志を求めよ。

仲のよい友だちというのは、理想的な人間関係です。友だちみたいな爽やかカップルも好感度が高いですよね。友情から学べることもたくさんあります。

人それぞれ違った個性があるので、新しい友だちができれば、新しく学べるものに出会えるとも言えます。そこから学べることは、恋愛でも、家庭でも、仕事においても役立ちます。性別や年齢、学歴や生い立ちに関係なく、友とすごす時間が、あなたをみがいてくれます。

◆易経×恋愛アドバイス◆「友だちとはこういうもの」という思い込みを手放そう。

LESSON 14
恋愛抜きで交流する

第14卦　火天大有《かてんたいゆう》 ☲☰

〔卦辞〕大有、元亨。（大有《たいゆう》は元《おお》いに亨《とお》る）

〔意義〕天高く昇る太陽。なにをしても順風満帆、積極的に行動すべきとき。

人生には「恋愛したい時期」があるけれど、焦ってしまうとかえって恋愛から遠ざかることもあります。「タイミングじゃない」時期は、見方を変えれば、恋愛感情抜きでより多くの人と交流できる時期。執着しないことで、広がるコミュニティがあります。

あなたの魅力を多くの方に見てもらいましょう。仕事でもそれ以外でも、相手と仲よくなれれば、そこからチャンスや幸運につながることも多いです。

◆易経×恋愛アドバイス◆ あなたの親切が、相手の親切を呼ぶ。

LESSON 15
任されたら引き受ける

第15卦　地山謙《ちざんけん》 ䷎

〔卦辞〕謙、亨。君子有終。（謙《けん》は亨《とお》る。君子は終わりあり）
〔意義〕謙虚に。すぐれた才能も、謙虚であればこそ光り輝く。

なにか責任のある仕事を依頼されたとき、もし挑戦したい気持ちがあるのなら「させてもらって、ありがとうございます」という謙虚な気持ちで、なるべく引き受けてみてはどうでしょう？

たとえ少し自信がなくても、声がかかったことは、うれしいはず。

「ダメダメ、わたしには無理です！」

などと、すぐに断ってしまうのはもったいないです。

任されたということは、その人にあなたが認められたという証拠。相手の気持ちを

まずはよろこんで、もう少し話を聞いてから、どうするか決めても遅くはないですよ

ね。大枠のイメージができれば不安も薄まります。

また、謙虚な気持ちは相手を立てる行為でもありますが、与えられた任務を精一杯果たすことも謙虚のうち。

謙虚さは積極的な行動をとったときにこそ発揮させていくものです。自信のなかったことも、とても大きなチャンスなのです。

なにかを任され、それを引き受けて最後までやりとげる経験はかけがえのないものです。たとえ望んだ結果にならなくても、経験値がつくから結果的に＋《プラス》です。

これまで培ったスキルとあなたの「やってみたい」という前向きな気持ちは、きっと支えになってくれます。

がんばっていると、そのうちにもっと力もついていきます。

また、謙虚にがんばっている様子は、きっとだれかも見てくれています。そこからあなたは信頼されるようになり、ステップアップにつながる新たなチャンスを引き寄せるきっかけができていくのです。

◆易経×恋愛アドバイス◆ 自信不足でも「できない」と思い込まないほうがいい。

LESSON 16

楽しいことをすなおに楽しむ

第16卦　雷地豫《らいちよ》 ䷏

〔卦辞〕予、利建侯行師。（予《よ》は、侯を建て師を行《や》るに利《よ》ろし）

〔意義〕準備していたものが地表に現れよろこびとなる。油断せず、楽しむ。

あなたは毎日を楽しめていますか？

楽しいと感じたら、ちゃんと楽しむことはできているでしょうか？「楽していてはだめ」「もっとなにかをがんばらなきゃ」なんて思っていませんか？

ストイックなのもよいですが、自分を追いつめすぎず、ときには気持ちを楽にするのも大切です。

なにを楽しいと感じるかは、人それぞれ違います。面白いと思うものも違います。

もちろん共感できればもっと楽しいですが、だれが正しいということではなくて、それぞれが楽しめればそれぞれハッピーでいられます。

人によって温度差もあります。同じ場にいる人が楽しそうにしていなくても、顔にだしていないだけでほんとうは楽しんでいることもあります。

もちろん気づかいは大切ですが、あなた自身が楽しむことも大切です。

楽しいときって、心身がリラックスして、気持ちいい！　と感じませんか？

小さな「楽しい！」「気持ちいい！」に、日ごろから敏感になれると、毎日がもっと楽しくなります。

楽しそうにしている人のところには、自然に人が集まってきて、楽しさが増えます。

「楽しい！」「気持ちいい！」というよろこびをすなおに感じられる人は、その楽しさをいつのまにか自分でも発信して、まわりの人のことも楽しくさせているからです。

楽しさと幸せはセットで訪れます。

それは一見平凡な毎日のなかにあります。

身近な楽しさに敏感になると、幸せだなあ！　と思える場面も増えます。

あなたは今よりもっと楽しく、もっと幸せになっていいのです。

◆易経×恋愛アドバイス◆　「楽しい」をただ待つのではなく、自分から迎えにいこう。

LESSON 17

呼び名を変えてみる

第17卦　沢雷随《たくらいずい》 ䷐

〔卦辞〕随、元亨。利貞。无咎。（随《ずい》は元《おお》いに亨《とお》る。貞に利《よ》ろし。咎《とが》なし）

〔意義〕誠意をもって善にしたがう気持ちがあれば吉。

まわりの人から、あなたはなんと呼ばれていますか？

そしてあなたも、まわりの人をどのように呼んでいるでしょうか？

そう言われると、

「それは相手や、時と場合によって違う」

という答えになる人が多いと思います。

名前の呼び方には、人と人との距離感があらわれます。時と場合によっても、違う名前で呼んだり、呼ばれたりします。

（1）「△△さん」

さんづけは、礼儀正しい呼び方。目上の人か、少し距離のある関係ですね。

（2）「△△ちゃん！」

同年代か年下で、家族や友人など親しい間柄の人か、これから親しくなりたい人に対する呼び方になります。

（3）「おーい△△！」

敬称なしで気安く呼ばれる人は、好かれて、頼られていることがうかがえます。ただし、会社などのフォーマルな場で呼び捨てにするのは、失礼に聞こえます。

人間関係で、相手の呼び方はとても重要です。だから名前の呼び方を意識することは大事。相手との「親しさの距離感」をそれで変えられます。たとえば仲のいい相手ともっと親密になりたいなら「ちゃん」呼びを提案してみるなど、二人がどんな関係になりたいかを意識しながら考えてみるのも、楽しいですね。

◆易経×恋愛アドバイス◆人によって「呼ばれたい名前」があるから、それは尊重する。

LESSON 18

感情が高ぶったら深呼吸

第18卦　山風蠱《さんぷうこ》 ䷑

〔卦辞〕蠱、元亨。利渉大川。先甲三日、後甲三日。（蠱《こ》は元《おお》いに亨《とお》る。大川を渉《わた》るに利《よ》ろし。甲に先だつこと三日、甲に後《おく》るること三日）

〔意義〕禍《わざわい》を転じて福となす。心の乱れを整え、臨機応変に対応しよう。

「つい配慮に欠ける失言をしてしまい、それ以来、避けられるようになった」あるいは「カッとなって、つい本心とは違うひどいことを口走ってしまった。合わせる顔がないけど、いつかあやまりたい」などなど、人とつきあっていくなかでは、そんな後悔はつきものです。

でも、口から出てしまった言葉は取り消せないし、あとでフォローしても忘れてもらえないかもしれません。

「あんなことを言わなければよかった」

という気づきは後悔を呼びますが、気づけたことはすばらしいことです。その気づきを、今後また失敗しないための学びとして生かしていくことは、生きる上での大事な課題の一つですし、それ自体が大きな前進でもあります。

深く愛しあっている恋人同士や夫婦でも、一回の失言から破局まっしぐらということはあります。だからこそ、まずは感情が高ぶって失言しやすいシチュエーションにならないように、できるだけ気をつけたいですね。

・腹が立って居ても立ってもいられない！
・この理不尽に反論したい！
・この怒りをだれかに話してスッキリしたい！

こうなったら頭に血が上っているので、まず深呼吸！　それで一拍置いて、冷静さを取りもどします。「アンガー《怒りの》コントロール」は、人生のあらゆる場面で必須事項です。

◆易経×恋愛アドバイス◆　でも尊厳を踏みにじられたら、勇気をもって冷静に抗議する。

LESSON 19

情熱を温めつづける

第19卦　地沢臨《ちたくりん》 ䷒

〔卦辞〕臨、元亨。利貞。至于八月有凶。（臨《りん》は元《おお》いに亨《とお》る。貞に利《よ》ろし。八月に至れば凶あらん）

〔意義〕運気は隆盛。希望。相思相愛であることを疑わない。

どんなに熱く燃え上がった恋愛でも、時間がたてばだんだん熱が冷め、落ち着いていくものです。そうであってもおたがいを思いやり、愛情と信頼をじっくり育てていけば、一生の伴侶にもなりえる温かく強い絆ができます。

仕事、趣味、友情などもそれと同じです。熱心に取り組みたいことが見つかったら、焦らずじっくり取り組むと、成果が大きく育ちます。途中で不安になることがあっても、自分はできるんだと信じて、情熱を温めつづけることが大切です。

◆易経×恋愛アドバイス◆ 情熱を長く保つには、無理のない自分のペースを見つけて。

LESSON 20
新しい環境でまず観察する

第20卦　風地観《ふうちかん》 ䷓
〔卦辞〕観、盥而不薦。有孚顒若。（観《かん》は盥《てあらい》いて薦《すす》めず。孚《まこと》ありて顒若《ぎょうじゃく》たり）
〔意義〕観察、洞察。地上に風が吹き荒れているときこそ、奥底まで見抜くこと。

コミュニケーションスキルの、キーポイントは「観察」です。最初は強く自己主張せず、控えめな態度でまわりを観察しておくと、どう行動すれば自然になじんでいけるかを考える時間がとれます。新しい環境に順応していきたいとき、次の二つのステップを意識してみてください。

第1のステップ　まわりの状況（歴史、経緯、雰囲気、人々）を観察する。
第2のステップ　少しずつ自分らしいコミュニケーション方法をためす。

◆易経×恋愛アドバイス◆わたしの本質は変えず、表現方法をその場に合わせよう。

LESSON 21

苦手なことほど早く解消する

第21卦　火雷噬嗑《からいぜいごう》 ䷔

〔卦辞〕噬嗑、亨。利用獄。（噬嗑《ぜいごう》は亨《とお》る。獄を用いるに利《よ》ろし）

〔意義〕障害物をかみ砕き、自分で解消する。真正面からつき進めば成果あり。

どうしても苦手で、できればやりたくないこと。めんどうだから、つい後回しにしたくなるもの。そういった物事は、身近によくあります。

でも、「苦手な理由」や「めんどうな理由」を解消しないままフタをして溜め込んでしまうのは、おすすめしません。時間がたてばたつほど、後でもっとめんどうなことに発展しやすいからです。

後回しにしたい物事ほど、できるだけ早いうちに対応するほうがよいのです。

一番スムーズなのは、ファーストコンタクトのときに、スマートに対応してしまうことです。

たとえば、会うと気まずい人が向こうから歩いてきたとします。そんなときこそ逃げ隠れせず、むしろあなたのほうから「こんにちは」と一言いってサッと通りすぎてしまえば、案外なにごともないものです。次にその人と会ったとしても、もうあいさつは済ませていますから、気まずくならずに済みます。

一方、この先なにが起こるのか予測がつかないのが、人生の面白いところです。今は苦手で、できれば避けたいことも、今後なにかのきっかけで大好きになるかもしれません。できれば会いたくない人も、いつかどこかであなたの心強い仲間や、味方に転じる可能性があります。

だからこそ、自分のなかの苦手意識がまだ小さいうちに解消しておくことは、心の重荷を軽くすると同時に、将来の仲間や味方を増やすことにつながります。

この易経第21卦、火雷噬嗑《からいぜいごう》の䷔は口のなかにモノがはさまっているカタチです。硬くて食べづらいものでも、自分の上下の歯でかみ砕いて呑み込んでしまえば、跡形もなくなります。大事なのは、自らすすんで解消しようと動くことです。

◆易経×恋愛アドバイス◆心に湧いた小さな違和感も、こまめに解消しておこう。

LESSON 22

特別でもない日におしゃれをする

第22卦　山火賁《さんかひ》 ䷕

〔卦辞〕賁、亨。小利有攸往。（賁《ひ》は亨《とお》る。小しく往《ゆ》くところあるに利《よ》ろし）

〔意義〕身だしなみは社会秩序に通じる。美しい装飾は、人の心をよろこばせる。

「今日は大好きな人とデートなの♪」という日には、おしゃれをして出かけたくなりませんか？　この特別な日のために美容室に行ったり、メイクの練習をしたり、ファッション選びにも気合いが入ります。

こうした楽しさは、慌ただしい日常に追われていると、忘れてしまいがちです。だからこそ、なんでもない日でも、おしゃれをして出かけて、自分から楽しい時間をつくりだすのがおすすめです。

この易経第22卦、山火賁《さんかひ》の賁とは、装飾や身だしなみという意味です。身だしなみを整えることは、国や社会秩序を整えることにも通じる重要なこととされます。

生活が乱れ、不健康で不潔だったら、着飾ってもきれいに見えず、とてももったいないです。おしゃれをするのは今の自分のコンディションを見直す、よい機会になります。

だからこそ自分のために、「自分らしいおしゃれ」を楽しむ時間が必要です。

ところで、今の自分に一番似合う、「自分らしいおしゃれ」と言われて、すぐ思いつくイメージはありますか？

「自分らしいおしゃれ」を見つけるには、まずは思い込みを外す必要があります。

意外なことに、自分自身の魅力は本人が一番わかっていないもの。もしもあなたが、顔かたちや身体つきにコンプレックスを感じていたとしても、これがあなたのチャームポイントということもあります。

ぜひ自分を見つめ直し、本当はなにが自分に合うかを見つけてください。わからないときは、初めから無理に決めてしまわず、まずはいろいろなおしゃれにチャレンジしてみるのもよいでしょう。

◆易経×恋愛アドバイス◆おしゃれにも慣れが必要で、普段からなじむと一層すてき。

LESSON 23

切りかえスイッチを見つける

第23卦　山地剝《さんちはく》 ䷖

〔卦辞〕剝、不利有攸往。（剝《はく》は、往《ゆ》くところあるに利《よ》ろしからず）

〔意義〕衰運のときは、みだりに力まず、危機が終わるまでじっと待つこと。

人生をもっと充実させるために、あなたには、なすべきことがたくさんあります。一生の時間は限られているから、不快なことに煩《わずら》わされている時間をできるだけ短くしたいものです。

生きているといろいろなことがあります。あなたになに一つ落ち度がなくても、つらく当たってくる人もでてきます。

厳しい世の中であなたのハートが傷だらけになってしまわないようにするには、気持ちを切りかえられるスイッチを、いくつかもっているといいですね。

たとえば、冷たい態度、心ない言葉、理不尽な扱いなど、ショックなことで心が傷

ついてつらくなってしまったときには、

「そんなこともあるよね」

と、つぶやいてください。声にだしてもださなくても、言葉にすることが肝心です。

「そんなこともあるよね」という言葉を、つらかった気持ちの切りかえスイッチにして、きっぱり手放すイメージです。

このような気持ちの切りかえスイッチは、日常のなかで見つけられます。

たとえば、

・会社を一歩でたら仕事のことは考えない
・ベッドに入ったら眠ることだけに集中する
・趣味やスポーツなど没頭できることを始める　など

ぜひ自分に合う切りかえスイッチを探してみましょう。

◆易経×恋愛アドバイス◆ 不要なものを手放せば、新たなことを迎える余地ができる。

LESSON 24

地道にコツコツつづける

第24卦　地雷復《ちらいふく》 ䷗

〔卦辞〕復、亨。出入无疾、朋来无咎。反復其道、七日来復。利有攸往。（復《ふく》は亨《とお》る。出入疾《やまい》なく、朋《とも》来たりて咎《とが》なし。その道を反復し、七日にして来復す。往くところあるに利《よ》ろし）

〔意義〕長かった苦しみもあと一息。あわてず、小さなチャンスを見逃すな。

あなたの特別なスキル（技能）はなんでしょうか？

たとえば、料理がうまい、整理整頓が得意、字が上手だということも、すばらしいスキルになります。

あるいは、あなたが初対面の人に自分から話しかけて仲よくなれる人だったら、きっと対人コミュニケーションのスキルが優れています。

スキルとは、「自信をもって上手にできること」と言い換えることもできます。

あなたが自信をもってできるものは多いほうがよいですよね。

スキルは地道にコツコツつづけることで、身につけられます。

どんなことでも、繰り返し練習するのが、一番確実なスキルの習得方法です。そこをショートカットして急に上手になれる人はめったにいないからです。

練習をつづけて上達したことは、あなたを生涯助けてくれるスキルになります。かんたんに崩れることはないし、しばらく遠ざかってもそのいっさいを忘れ去ってしまうことはないのです。

たとえば、茶道のお手前は、繰り返し練習することで頭だけでなく体に沁み込み、細部まで美しく洗練されます。スポーツで強くなる、楽器演奏がうまくなる、外国語をスラスラ話せるようになるのも、みな同じ原理です。

習慣化したものは、あなたを変え、人生を好転させます。

地道にコツコツの先に、実力や魅力が数段レベルアップして輝くあなたがいるのです。

◆易経×恋愛アドバイス◆ 好きなことに打ち込んでスキルをみがくと、上達が速い。

LESSON 25

全力を使い切れたか確認する

第25卦　天雷无妄《てんらいむぼう》 ☰☳

〔卦辞〕无妄、元亨。利貞。其匪正有眚。不利有攸往。（无妄《むぼう》は元《おお》いに亨《とお》る。貞に利《よ》ろし。それ正にあらざるときは眚《わざわ》いあり。往くところあるに利ろしからず）

〔意義〕予期せぬことがあっても、素直に受け入れるといい。

全力でがんばっているつもりなのに、なぜかうまくいかないときは、ほんとうに全力を使い切れたか、まだやれることが残っていないか、具体的に確認します。

①動機は正しかったか？

②善意で動いているか？

③その方法は適正か？

④情熱は足りているか？

⑤空気を読んで妥協してしまっていないか？
⑥言葉を尽くしてまわりの理解を得られているか？
⑦周囲の人とコミュニケーションは取れているか？
⑧一人で突っ走っていないか？

とくに大事なのは、①動機は正しいか？　②善意で動いているか？　という二つです。この二つを見失ってしまうと、易経の言葉でいえば、いくら努力しても、「亨《とお》らない」（願いは叶わない）ことになります。

「全力を使い切る」ことには、五体（頭・首・胸・手・足）、五官（目、耳、鼻、舌、皮膚）、五感（視覚・聴覚・嗅覚・味覚・触覚）も含まれます。

「まだ全力を使い切れていない」「ほかにもできることがあった」とわかったなら、ぜひ原因となっていることを解消して、全力を使い切りましょう！

あきらめてしまうのはまだ早いです。

◆易経×恋愛アドバイス◆できることを全部やり切ったなら、ケセラセラ《なるようになる》の精神で待つ。

LESSON 26

一人でやり切る決意をする

第26卦　山天大畜《さんてんだいちく》 ䷙

〔卦辞〕大畜、利貞。不家食吉。利渉大川。（大畜《だいちく》は貞に利《よ》ろし、家食せずして吉なり。大川を渉《わた》るに利ろし）

〔意義〕大望を抱く者は、まず力を蓄えよ。

自分で「これがやりたい」と思うことがあるなら、思い切って一人で始めてしまうのがベストです。

あなたのすべきことは、「自分一人でスタートしてゴールする決意をする」こと。そうすれば、望む結果を手に入れられる可能性が上がります。

でも、「自信がない」「実力が足りていない」「状況が整っていない」など、いろいろなことが気になって、決意しづらいときもありますよね。

そんなとき、できればだれかに頼りたいと思うかもしれませんが、最初から人をあてにすると結局は不自由なことが増えてしまうものです。

なぜなら、人をあてにして頼るということは、あなたの主導権をみすみす人に渡してしまうのと同じだからです。あなたの「こうしてもらいたい」という意向を、頼った人が叶えてくれる保証はないですし、望んだ結果にならなくても文句は言えません。

また、人になにかしてもらうのを待つだけの人生は、とてもストレスフルです。自分の意図で自由に動いていったほうが、思い描く結果に届きやすいのではないでしょうか。

一人で始めてやり切る決意をするためには、精神的な自立をしている必要があります。

たとえば、衣食住を自分で整える、行きたいところに自分で行く、やりたいことをあきらめない、一緒にいたい人と一緒にいる、不本意な人間関係を自分から手放すなど、自分の責任で選ぶ経験を一つひとつ増やすことが、精神的な自立への第一歩です。

◆易経×恋愛アドバイス◆　最初は不安でも始めてしまえば、実力がともなってくる。

LESSON 27

たくさん会話する

第27卦　山雷頤《さんらいい》 ䷚

〔卦辞〕頤、貞吉。観頤自求口実。（頤《い》は貞なれば吉なり。頤を観て自ら口実を求む）

〔意義〕口は禍の元。ポジティブな言葉で交流を図ろう。

会話というコミュニケーションは、思わぬ発見の宝庫です。

あらゆる機会に、いろいろな人と、たくさん会話してください。

用事の伝達だけの内容でも、あるいはとりとめのない雑談であっても、言葉のキャッチボールをすること自体に意義があります。

人の話を聞いて、自分も話すことは、情報の交換だけでなく、心の交流になります。その時点では、「実のある会話になっていなかったな」と感じたとしても、おたがいの言葉が交わって生まれたエネルギーは、あなたや相手の人生をもっともっとポジティブに変えられるパワーを秘めています。

人と会話をすることで、たくさんのことに気づき、視野が広がります。なにかがあなたの心の琴線に触れて、やる気に火をつけることもあります。

また、会話に含まれる小さなヒントから、やりがいのあるミッションが芽吹くこともあるのです。

会話は、一方通行ではなく双方によい影響を与えます。

あなたと相手がポジティブな刺激を与えあい、おたがいを高めあえたら理想的です。

今では電話やメール、LINE、ビデオ通話など、さまざまなツールで会話をすることができますが、会える人にはなるべくじかに会って言葉を交わすのがベスト。

なぜなら、じかに会って話すというアクションがまずあることで、「興味あるなら、試してみる?」「行ってみる?」「やってみる?」というように、次から次へと新たな行動に結びつきやすいからです。

そこから人の輪が広がったり、深まったり、発展して、あなたの世界は広がっていきます。

◆易経×恋愛アドバイス◆ つきあいの長い恋人、夫婦、家族でも会話は大事にしたい。

LESSON 28

「自分ルール」から自由になる

第28卦　沢風大過《たくふうたいか》 ䷛

〔卦辞〕大過、棟撓。利有攸往。亨。（大過《たいか》は棟《むなぎ》撓《たわ》む。往《ゆ》くところあるに利《よ》ろし。亨《とお》る）

〔意義〕重すぎる任務。男女関係のアンバランス。軽はずみ行動に注意。

恋人だから、家族だから、親友だからといって、相手の言葉に耳を貸さず自分の「正しさ」を強調しても、相手の心に響かないことが多いです。ものの見方や考え方は人それぞれ。しかし正しさの基準が違っても、おたがいの言葉を聞き、尊重し、協力しあうことはできます。

ときには「自分ルール」をまわりに押しつけていないか、落ち着いて考えてみてもよいかもしれません。それと同時に、自分自身もいつのまにか「自分ルール」で縛っていないかもぜひたしかめて。自分を自由にしてあげてください。

また、入学、入社、入会、あるいは転居、転勤、結婚などの機会は、人生に何度も訪れるものです。そういったときに今までの自分のままでいられなくなったと焦ってしまうのは、よくありません。

たとえば、新しい環境を苦にせず、自分から飛び込んでいけて、初対面の人ともすぐ仲よくなれる人がいます。そういう人は、コミュニケーション方法の成功パターンをふだんの生活のなかでストックしていて、場面に合わせて使い分けられる、コミュニケーションスキルの高い人だと言えます。

その一方で、苦手意識がある人は、成功パターンがまだつかめていない、あるいはストックが少ないのかもしれません。しかし、それでも心配する必要はありません。これからストックを増やしていけばいいのです。

新しい環境は、人によって得意・不得意が分かれます。そんなときは、早く認めてもらわなければいけない、期待に応えなければいけない、活躍しないといけないなど、「こうしなければいけない」という気持ちで焦ってしまわず、時間をかけていろいろな方法を試してみるのがおすすめです。

◆易経×恋愛アドバイス◆思い込みから解放されると、視野が広がる。

LESSON 29

譲れないことは守り通す

第29卦　坎為水《かんいすい》 ䷜

〔卦辞〕習坎、有孚、維心亨。行有尚。（習坎《しゅうかん》は孚《まこと》あり、これ心亨《とお》る。行くときは尚《たっと》ばることあり）

〔意義〕一難去ってまた一難。激流に立ち向かう。

自分の目標を自分で決めてスタートし、自力でゴールをめざすからこそ、人生が充実します。

子どものころなら、目標は親や先生から与えられるものだったかもしれませんが、今のあなたに必要なのは、自分で目標を決めて、動きだすことです。

あなたの人生を高く飛躍させることができるのは、あなたしかいません。

たとえ、まわりのみんなが反対しても、

「わたしの決めた目標に向かうためには、今こそ行くべきだ」

と、あなた自身が決断したなら、迷わず行くべきです。人の意見がどうあれ、あなたにとって譲れないことは、守り通すほうがよい結果につながります。

まわりの期待や意見に必ずしも応えようとしなくてよいのです。人からの外圧に翻弄されてしまうと、たとえ結果オーライだったとしても、自分の意志をつらぬけなかったという苦い悔いが残ってしまうことになるからです。

人の意見を聞く耳をもつことはとても大事だけれど、あなたの人生はあなたのものです。なにを目標として、いつ、どうやってそこへ行くかを判断し、実際に行動するのは、あなた自身にしかできないこと。選択権は、あなたにあります。

行動した結果の良し悪しは、あなたの努力とは関係ない運不運にも左右されます。なにかを始めたなら結果をだすことは大切ですが、それがすべてではないのです。

期待した結果に惜しくも手が届かなかったとしても、自分で決断して努力したことはもれなくあなたの糧《かて》になり、次の機会にもっと高く遠くへ飛躍できる原動力になります。

◆易経×恋愛アドバイス◆　「理不尽なことばかりでも、負けないぞ」と言ってみて。

LESSON 30

自分をアップデートする

第30卦　離《り》為《い》火《か》 ䷝

〔卦辞〕離、利貞。亨。畜牝牛吉。（離《り》は貞に利《よ》ろし、亨《とお》る。牝牛《ひんぎゅう》を畜《やしな》えば吉なり）

〔意義〕情熱。能力あるかぎり発揮せよ。柔軟に対応するとステップアップできる。

すべてのことが、しだいに移り変わっていく、というのが易経の全編をつらぬく重要な教えです。

時間の経過とともに、わたしたち自身も変わっていきます。わたしたちの体や心は自然に成長して円熟に向かうけれど、時々は意識して自分をアップデートしていくことが、自分らしく充実した人生を送るためには必要です。

アップデートしたい項目は、ものの見方、考え方、言動、知識、生きるためのスキル、コミュニケーション術などです。

自分のアップデートには、「守《しゅ》・破《は》・離《り》」という三段階方式が取り組みやすいです。

㊋ お手本をそっくり見習う段階

尊敬できる人がどのようにしているか観察し、そっくり見習います。また、参考にできる本を読んで学ぶ方法もあります。その際に、批判や創意工夫をあえて加えず、お手本を繰り返し真似して、無意識にできるようになるまで体で覚えます。

(破) 見習ったことをベースに、自分なりに工夫する段階

① 価値観を共有できない人とも、心を通わせることのできる自分になること。
② 自分の意見をきちんと言えること。
③ 人と意見がぶつかっても、円滑に、前向きに進めていける自分になること。

この三点をふまえ、見習ったことを工夫し、自分なりのテクニックをみがきます。

(離) テクニックから離れ、自分で考えて行動する段階

テクニックに捉われず、自分の意志で行動する段階です。「以前の仲間とは縁が切れず、人脈のネットワークを広げていく」方向で、自分らしく行動します。

◆易経×恋愛アドバイス◆ らせん階段を一歩ずつ上るように、あなたは向上できる人。

下の巻

LESSON 31 〜 64

社会のなかで自分らしく輝く

LESSON 31

好きな人と恋愛する

第31卦　沢山咸《たくざんかん》 ䷞

〔卦辞〕咸、亨。利貞。取女吉。（咸《かん》は亨《とお》る。貞にも利《よ》ろし。女を取《めと》るは吉なり）

〔意義〕情愛。純愛。親しみ助けあい、堅く結ばれて順風満帆となる。

易経第31卦、沢山咸は、情愛や純愛がテーマです。

この世に生まれたからには、少なくとも一度は、ぜひ恋愛をしていただきたいです。カップル成立という結果を求めているのではなく、好きな人に想いを伝え、好きになってもらい、関係を深めていくというプロセスを経験してほしいのです。

なぜなら、恋愛から見えることが人生全般の貴重な「知恵」となるからです。

恋愛で学べる人生の知恵

・好きな人に好きになってもらうために、コミュニケーションスキルが上がる

・ありのままの自分と向きあえる
・自分を高めるモチベーションができる
・人の気持ちを思いやれるようになる
・世の中にはいろいろな人がいるとわかる
・愛情、信頼、敬意の重要性がわかる
・自分のわがままを押し通せないと気づける
・人と協調するすばらしさがわかる
・人を大切にすると、自分も大切にしてもらえるとわかる
・人を幸せにしたいと思い、行動できるようになる

知恵は経験からしか生まれないものです。とくに恋愛経験で身につく知恵は、学校や本から学べません。好きな人が現れて恋愛できるチャンスは、人生に一、二回あるかないかの奇跡。そのチャンスをつかみ、人生の知恵を体得することが大事です。

◆易経×恋愛アドバイス◆　好きな人すらくどけないで、ほかのだれを笑顔にできる？

LESSON 32
わたしを広告宣伝する

第32卦　雷風恒《らいふうこう》 ䷟

〔卦辞〕恒、亨。无咎。利貞。利有攸往。（恒《こう》は亨《とお》る。咎《とが》なし。貞に利《よ》ろし。往《ゆ》くところあるに利ろし）

〔意義〕恒久不変、やむことがない。安定を続けるにも努力が必要。

自分が思う自分と、まわりの人から見えるあなたがぴったりと一致することは、あまりないことです。

「〇〇な人だねとよく言われるけれど、自分でそうは思わない」

「自分の評価してほしいところを、なぜか認めてもらえない」

というように、あなたの自己認識と、人に与える印象には、多少なりともズレがあります。

「まわりの人に誤解されやすい」「自分の長所やがんばりを評価してもらえない」

という疑問やつらさを、もしもあなたが感じているとしたら、自他の認識にズレが大きいのかもしれません。

こうしたズレを正すには、「わたしを広告宣伝する」という方法がおすすめです。あなたの長所や魅力も、まわりの人に伝わるよう、自分からアピールすることが大事です。

わたしを広告宣伝する方法

（1）自分のアピールポイントをまず把握する

「ここを評価してもらいたい」ことを、正直に書きだします。たとえば、「仕事が速い」「手先が器用」「リーダー向き」等、具体的な言葉にすると把握しやすいです。

（2）自己PRする

把握したアピールポイントを、意識してまわりにPRします。たとえば、「その件は、任せてください」と言って、実際に取り組む姿を見せれば、説得力があります。

◆易経×恋愛アドバイス◆ 一回きりの広告宣伝ではなく、リピートして印象づけよう。

LESSON 33

休眠させてタイミングを待つ

第33卦　天山遯《てんざんとん》 ䷠

〔卦辞〕遯、亨。小利貞。（遯《とん》は亨《とお》る。小《すこ》しく貞に利《よ》ろし）

〔意義〕運気衰え、時流が味方しない。逃れ隠れれば、道が開ける。

自分のスキルをみがいたら、それをぜひ社会で活かしていくことを考えましょう。あなたのスキルが求められている場所で活躍していくことは、人生をかけて取り組む価値のあるミッションです。

ただし、物事にはタイミングがあります。

あなたの才能を生かせる仕事や恋愛、結婚などは、いつでも見つかるものではありません。適切なタイミングが来るまで辛抱づよく待つことになります。

やみくもに追いかけるほど逃げていくのが、タイミングと運です。焦らず、自然体で待つ気持ちの余裕をもちたいものです。

タイミングに恵まれないと思ったら、その件は一旦休眠させて、次の行動のためにエネルギーを蓄える時間ができたとポジティブに考えることが大事です。

これまで活動的だった人は、逆にずっとアウトプットばかりでエネルギーがからからになってしまうかもしれません。たまには休眠期間をとって体と心を休めながら、インプットを意識してすごすとよいでしょう。

たとえば、本を読む、興味あることの勉強にあてる、習いごとを始めるのもおすすめ。また、好きな音楽を聴くなど、純粋に娯楽を楽しむことも、心身の栄養補給になります。

ただし、休眠期間中でも、

「面白そうな話があったら、わたしにも声をかけてくださいね」

と周囲の人に言っておき、お誘いが来たらフットワークよく参加すること。

「誘われたら来てくれる人」「要望に応えてくれる人」

という信頼感を周囲に与えておくと、タイミングを引き寄せるきっかけになります。

◆易経×恋愛アドバイス◆　自尊心《プライド》をもって自分の決めた目標へ向かっていこう。

LESSON 34

「しすぎる」前にブレーキをかける

第34卦　雷天大壮《らいてんたいそう》 ䷡

〔卦辞〕大壮、利貞。（大壮《たいそう》は貞に利《よ》ろし）

〔意義〕勢いはいいが、実質ともなわず。自分自身を省みるべし。

人生は、持久走に似ています。百年あるかないかの人生の時間を、元気に長く走りつづけるためには、安定して走り切れるペース配分を考えることが大事です。

そのためには、「しすぎる」ことに注意。まじめな人ほど「しすぎる」ことになるので、時々わが身を省みてブレーキをかけたいものです。

ブレーキをかけたいこと

（1）がんばりすぎない

がんばり屋さんはすてきですが、それで体や心を壊してしまったら、人生の持久走がとても苦しくなってしまいます。つかれたら無理をしないで、休んでください。そのためにも一人でなにもかも背負ってしまわず、まわりの人に協力を求めることが大事です。ふだんから努めて情報を共有しておくと、協力を得やすいです。自分のペースで励みながら、体や心の健康を保って楽しく生きることが、人生の最重要課題です。

（2）急ぎすぎない

焦って転ぶより、じっくり着実に前へ進むことを心がけたいですね。

（3）思い込みすぎない

夢中で走ってスピードに乗り、調子がいいときほど、まわりが見えなくなって暴走しやすいです。時には少しスピードをゆるめて周囲を見て、自分を客観的にふりかえる時間を。たとえば、あなたを見守ってくれる第三者の助言を聞くことは、思い込みを手放して冷静さを取りもどす、いいきっかけになります。

◆**易経×恋愛アドバイス**◆自分のペースで「励む」ことが大事で、手抜きはしない。

LESSON 35

一人でがんばる勇気を見せる

第35卦　火地晋《かちしん》 ䷢

〔卦辞〕晋、康侯用錫馬蕃庶、昼日三接。（晋《しん》は、康侯《こうこう》もって馬を錫《たま》わることを蕃庶《はんしょ》にして、昼日に三たび接せらる）

〔意義〕勢いよく上昇。自信をもって励め。

マラソンや駅伝大会では、一所懸命走っている選手たちを見守る沿道の人たちから、自然に応援の声が上がります。

顔を真っ赤にして、汗だくで、なんとしてもゴールにたどり着こうとする姿を見ている人たちは、感動し、勇気づけられ、いつのまにか「ガンバレ」と大きな声援を送りたくなります。

マラソンに限らず、なにかを一所懸命がんばっている人の姿は、まわりの人からよく見えて、応援してあげたいと思われるものです。

あなたが本気で、なりふり構わずがんばってきたことがあるなら、その努力は自分の思う以上にまわりの人々に知られているし、好意的に見られています。あなたは孤独な闘いをしているのではなく、実は見守られています。

あなたが、大役に抜擢《ばってき》される、あるいは重要な任務を与えられることがあれば、それは過去のがんばりが認められ、もっと応援したいと思ってもらえたからなので、自信をもってください。

大役を任され、あなた一人で心細いスタートをきったとしても、がんばりつづければしだいに多くの人があなたを理解して、いろいろなかたちで協力してくれるようになります。

だからこそ、最初は一人でがんばるという勇気をもって、行動を起こすべきです。

易経の教えでも、恋愛のプロセスにおいても、自分から行動を起こすことからすべてが始まります。一人で始めてがんばるあなたは孤独ではなく、応援してくれるだれかとともにあるのです。

◆易経×恋愛アドバイス◆　自分からがんばれる人なら、まわりも手助けしやすい。

LESSON 36

リスクを恐れず経験値を増やす

第36卦　地火明夷《ちかめいい》 ䷣

〔卦辞〕明夷、利艱貞。（明夷《めいい》は艱《くる》しみて貞なるに利《よ》ろし）

〔意義〕苦難のなかでじっと耐え、実力をみがけばやがて輝く。

「好きな人に告白する勇気はない。ふられるのが怖いから」

と思って、自分からはなにも動かず、相手が声をかけてくれるのをただ待つだけなら、その恋が実る可能性はほぼ0％です。あなたの好意は、あなたがなにもしない限り相手に伝わらず、その結果、相手が動いてくれるきっかけもできないからです。

なんにでもリスクはあります。リスクを恐れてなにもしないという選択も、

「なにもしなかったから、得るものがなにもなかった」

という、むなしいリスクがあるのです。

その一方で、

「ふられてもいいから、恋心を伝えずにはいられない」

と、悲壮な覚悟で告白したところ、意外とよい結果を得られることもあります。あなたがリスク覚悟で勇気ある行動を起こせば、人の心を動かし、物事をポジティブな方向に変えていくことができるからです。

もちろん必ず恋愛が実るとは限りませんが、リスクを恐れず行動した勇気と経験は、あなたを一段と成長させて魅力的にしてくれます。

リスクを恐れずさまざまな経験を積むと、少々のリスクなどものともしない実力がつきます。この経験値をたくさん手に入れて人間的に成長した人は、人生のあらゆる場面に強くなり、まわりの人から認められ、求められる人になれます。

未来はだれにもわからないので、リスクを気にしすぎて行動しないのはもったいないこと。それよりリスクに対応しながら行動するほうが、何倍も幸せになれます。

人類誕生以来サバイバルしてきたわたしたちのDNAには、リスクに負けず生き抜ける強さが刻み込まれています。そんな自分自身の強さを信じたいですね。

◆易経×恋愛アドバイス◆ あなたという存在は、まわりから求められてもっと輝ける。

LESSON 37

親しい間柄こそ思いやる

第37卦　風《ふう》火《か》家《か》人《じん》 ䷤

〔卦辞〕家人、利女貞。（家人《かじん》は女の貞に利《よ》ろし）

〔意義〕家内安全、和合円満。家庭の平和は男女が秩序をわきまえてこそ。

相思相愛の夫婦や恋人同士でも、つきあいが長くなるうちに、いつの間にか心が離れて口論が増えてくる、というのはよく聞く話です。親しくて大切な絆がある相手こそ、慣れに甘えないこと。わだかまりが小さいうちの解決をめざして、おたがいを思いやって歩み寄ることが大切です。

この易経第37卦の風火家人とは、一家和合をイメージさせる卦です。とても親しいために、反抗心や競争心から不和になることもあるのです。親しい間柄こそ思いやりは大切です。

◆易経×恋愛アドバイス◆ 大切な相手こそ、おたがいの言葉をよく聞きあう。

LESSON 38
違う世界の人と交流する

第38卦　火沢睽《かたくけい》 ䷥

〔卦辞〕睽、小事吉。（睽《けい》は小事に吉なり）

〔意義〕相反する働き。矛盾。不和反目。そんなときこそ小さいことを大切に。

同じ学校や職場の人、ママ友やサークル仲間など共通項の多い人たちとの交流はとても楽しいですし、大切にしたいですが、まったく違う世界にいる人と接点ができれば、あなたの視野がもっともっと大きく広がっていきます。このとき、相手の見ている世界もあなたの影響によって広がります。すてきな化学変化がおきるのです。

多くの人と積極的に交流し、おたがいの世界をどんどん広げていきたいですね。とくになにかの用事がなくてもよいのです。ただ楽しくともにすごす時間をたくさんもちたいものです。

◆易経×恋愛アドバイス◆　「楽しい時間を共有したい」という気持ちが友情の始まり。

LESSON 39

苦難のときのしのぎ方を覚える

第39卦　水山蹇《すいざんけん》 ䷦

〔卦辞〕蹇、利西南。不利東北。利見大人。貞吉。（蹇《けん》は、西南に利《よ》ろし。東北に利ろしからず。大人を見るに利ろし。貞なれば吉なり）

〔意義〕八方塞がりのときは、無理せず、助言を聞く。

人生にはいろいろなことがあります。

「今日は最悪だ……」と思わずにはいられない、アンラッキーな日もあります。あるいは、どんなに気をつけても避けられなかった落とし穴のような苦難に突然にはまってしまう場合もあります。

しかし絶望感でいっぱいのときでも、希望をもちつづけること、それがなにより大事です。易経では、「苦難もいずれはどこかに消え去るものだから、希望を捨てないように」と繰り返し書かれています。

今は先の見えない暗闇にいるような気持ちでも、そこを抜ければあなたの未来は明るいことを、どうか忘れないでください。

苦難のときのしのぎ方

(1) まず落ち着く

焦って動き回ると、むしろ空回りしてしまいやすいです。安全なところで身を落ち着け、心もゆっくり落ち着かせます。

(2) 心配しすぎない

思いわずらってもどうにもならないことは、考えないこと。不安から来る雑念を手放し、心理的に押しつぶされないことを最優先にします。

(3) 人・ものに八つ当たりしない

うまくいかないイライラをなにかにぶつけるのは、意味のない行動です。それと同じく、自分を傷つけるような行動にでることも絶対だめです。

◆**易経×恋愛アドバイス**◆ 急な誘いをOKするスケジュールの余裕も、好機をつかむ鍵。

LESSON 40

妖怪ぬりかべに立ち向かう

第40卦　雷水解《らいすいかい》 ䷧

〔卦辞〕解、利西南。无所往、其来復吉。有攸往、夙吉。（解《かい》は西南に利《よ》ろし。往《ゆ》くところなければ、それ来たり復《かえ》るときは吉なり。往くところあれば、夙《はや》くするときは吉なり）

〔意義〕困難もいずれ解決のときが来る。ぐずぐずせず、すばやく好機をつかめ。

自分で考えて動ける意欲的な人ほど、「わたしがなにを言っても、意見を聞いてもらえない」「したいようにさせてもらえない」ということがあると、絶望感が強くなってしまいます。それは突然、巨大な妖怪ぬりかべが現れ、あなたの行く手を阻んでいるような状態とも言えます。

この易経第40卦の雷水解とは、春が来ると氷が解けるように、「いずれ困難や妨害は打開されて物事が進むようになる。だからあきらめないで」という希望を示します。

壁を突破するには、「分析」が役立ちます。分析するときはメモをとって文字にしてみると、問題点が明確になり、壁を突破するきっかけがわかりやすくなります。

（1）問題点（壁の正体）の分析

思い当たることを、「外的要因」「内的要因」の二種類に分けて書きだします。

・外的要因（状況）：まわりの人の無理解、妨害、時期尚早、資金難など

・内的要因（自分の問題）：見込みの甘さ、計画性の欠如、自信不足または過信、実力不足、説明不足、非礼あるいは傲慢な過去の行動、人望の不足など

（2）自分の「強み」の分析

あなたの「強み」はどんなことか、一つ一つ書きだします。

・強みとは：得意分野、知識、経験、人脈、粘り強い、交渉事が得意など

問題点がつかめたら、「強み」で壁に立ち向かいます。なにか人にたのみたいときは、「この部分に協力をお願いします」など具体的に要望をだすとよいでしょう。

◆易経×恋愛アドバイス◆　あきらめず壁に立ち向かえば、突破口を見つけられる。

LESSON 41

〝キモチ多め〟にさしあげる

第41卦 山沢損《さんたくそん》 ䷨

〔卦辞〕損、有孚、元吉。无咎。可貞。利有攸往。曷之用。二簋可用亨。（損《そん》は孚《まこと》あり、元吉なり。咎《とが》なし。貞にすべし。往くところあるに利《よ》ろし。なにをかこれ用いん。二簋《き》もって亨すべし）

〔意義〕奉仕の精神で、損して得をとる。

なにかをみんなで分けるとき、自分より他の人に少し多めにさしだす心づかいは、相手の心を温め、好意が伝わります。相手に気をつかわせない〝キモチ多め〟のさじ加減がポイントです。言葉に関しても、〝キモチ多め〟を心がけたいですね。たとえば、さりげない褒め言葉を添える心づかいです。相手をよろこばせ、そのよろこぶ顔を見てうれしくなる心を大切にしていると、自然に仲間が集まってきます。

◆易経×恋愛アドバイス◆ 〝キモチ多め〟にさしあげて、あなたが損をすることはない。

LESSON 42

人との縁を大切にする

第42卦　風雷益《ふうらいえき》 ䷩

〔卦辞〕益、利有攸往、利渉大川。（益《えき》は往くところあるに利《よ》ろし、大川を渉《わた》るに利ろし）

〔意義〕ビッグチャンス到来。好機とみれば、積極的に突き進むといい。

出会いは、今まさに知っている人たちの向こうにあります。人との縁がまた新しい出会いをもたらし、あなたの人生を温かく楽しいものにしてくれるのです。同時に、運やチャンスも運んできます。今ある交友関係を大切にしていると、その人数分、世界が広がります。

年齢や性別を超えた仲間はとても貴重ですし、人との縁は思わぬところでつながります。日ごろから心を開いて多くの人に接し、ぜひあなたの世界を広げてください。

◆易経×恋愛アドバイス◆ あなた経由で人の縁がたくさん結ばれ、みんなで幸せになる。

LESSON 43
お断りのフォローをする

第43卦　沢天夬《たくてんかい》 ䷪

〔卦辞〕夬揚于王庭。孚号、有厲。告自邑。不利即戎。利有攸往。（夬《かい》は王庭に揚《あ》ぐ。孚《まこと》ありて号《さけ》び、厲《あや》うきことあり。告ぐるに邑よりす。戎《じゅう》に即《つ》くに利《よ》ろしからず。往くところあるに利ろし）

〔意義〕私利私欲なしで、正義をつらぬく。決断する時。

誘いやたのまれごとがあったときに、どうしても都合がつかず、お断りしなければならないことはあるものです。あるいは、あなたの事情を無視した無理難題を押しつけられ、断固として「受けられない」と言わなければいけないときもあります。

そういったとき、やらないように気をつけたいのは、「遅い返事」「言葉をあいまいに濁す」「その後のフォローをしない」の三つです。これらがあると、不信感をもたれたり、相手を嫌な気持ちにさせてしまったりします。

お断りに関しては、
① 速やかに言う
② はっきり断る
③ フォローを忘れない
という三点を念頭に入れ、わだかまりを生じさせない対応をしたいですね。

また、もしできれば、以下のことも心がけたいものです。
・理由は正直に言う（ごまかさない）
・相手を気づかう優しい言葉や態度を見せる
・代替案をだす（「別の日ならOK」など）
・お断りしても、変わりない態度で接する

礼を尽くしても、思いが通じないときは、縁を断つ決意をしたほうがよいときもあります。そうならないように、できるかぎりのことはしたいものです。

◆易経×恋愛アドバイス◆ 自分が断られたらどう思うか？　という気づかいが大切。

LESSON 44

運に感謝する

第44卦　天風姤《てんぷうこう》　䷫

〔卦辞〕姤、女壮。勿用取女。（姤《こう》は女壮なり。女を取る《めと》に用いることなかれ）

〔意義〕偶然の出会いは、美しい人間模様を生む。

「絶体絶命だと思ったけど、乗り越えられた！」

「ピンチのときに手を差し伸べてもらえた！　助けが来てくれた！」

このように結果的に運がよかったと思えることは、意外とあるものです。でも、運に恵まれるのは、その人のそれまでの努力の結果です。また、努力をして知識や経験をつんできた人は、運をつかむ勘も冴えるのです。

よい運に恵まれたときは、その後押しに感謝して、度胸よく、もっと前へ進んでいきましょう。

◆易経×恋愛アドバイス◆　努力、タイミング、人間関係の三つがそろうと、飛躍できる。

LESSON 45

ライバルから学ぶ

第45卦　沢地萃《たくちすい》 ䷬

〔卦辞〕萃、亨。王仮有廟。利見大人。亨。（萃《すい》は亨《とお》る。王有廟に仮《いた》る。大人を見るに利《よ》ろし。亨る）

〔意義〕潤い集まるとき。おおらかな気持ちで接するとよい。

身近に、大役に抜擢されたり、出世したり、華やかに活躍したりする人が現れて、うれしいけれど羨ましいような複雑な気持ちになったことはありませんか？　でも優れた相手への嫉妬心やライバル心のネガティブな気持ちは、あなたを変えるすばらしいモチベーションにもなります。

相手のよいところを認めて、自分も学ぼうとする人は成長します。強力なライバルはよきお手本。共存共栄できる仲間になっていければ最高です。

◆易経×恋愛アドバイス◆　切磋琢磨して高めあえるライバルがいることは幸運。

LESSON 46

オンリーワンの個性を尊重する

第46卦　地風升《ちふうしょう》 ䷭

〔卦辞〕升、元亨。用見大人。勿恤。南征吉。（升《しょう》は、元いに亨《とお》る。もって大人を見る。恤《うれ》うることなかれ。南征するときは吉なり）

〔意義〕大いに伸びるとき。優れた人を見習い、おそれない。

あなたには唯一無二《オンリーワン》の個性があります。

あなた以外の人たちも、同様に唯一無二の存在です。この世は唯一無二の存在がたくさん集まってできています。

社会は多くの人で構成されていますが、人の個性は十人十色で、考え方や意見もバラバラ。それが当然です。

それでも、多くの人がオンリーワンの自分を大切にしながら、おたがいに協調（コラボレーション）することができるようになれば、この世界をもっとすばらしいものに変えていけます。

むしろ、多様な個性や意見をもつ人がたくさんいる場では、それぞれのよさをだしあって、各自の得意なことで助けあうことができるので、はかりしれない相乗効果が生まれてポジティブなパワーはどんどん増幅していくものです。

ときに自分と考え方の違う相手に同調圧力のようなものを受けることもあるでしょう。また、ときに非難されることもあるかもしれません。しかし、だからといって人の顔色ばかりうかがい、自分の個性を抑えつけて、つらくなってしまうことのないようにしたいですね。

どんなときでも、オンリーワンが輝けなくなってしまってはもったいないのです。

ただ、唯我独尊になってほしい、ということではありません。まわりに目を向けて人を思いやることはとても大切です。

まずは、あなた自身がオンリーワンの個性を大切にして、それと同時にまわりのみんなのオンリーワンの個性を尊重してあげられるのが理想です。

◆易経×恋愛アドバイス◆ あなたが率先して、みんなを幸せにする。

LESSON 47

災難から身を守る

第47卦　沢水困《たくすいこん》 ䷮

〔卦辞〕困、亨。貞。大人吉无咎。有言不信。（困《こん》は亨《とお》る。貞なれ。大人は吉にして咎《とが》なし。言うことあるも信ぜられず）

〔意義〕自分を信じてもらえないつらさ。試練のときも、黙して初志をつらぬく。

思わぬ災難に遭うことは、人生にはつきものです。災難には、事故や災害など突発事態もあれば、ケンカを売られ、からまれるなど人間関係によるものもあります。どんな災難に見舞われても、身の安全確保をはかることを最優先にしてください。

この易経第47卦、沢水困の意味は、「困難、八方塞がり」という状況です。とくに、人に話を聞いてもらえず、信じてもらえないつらさが強調されています。このような、社会生活でおこる災難から身を守る方法を、いくつか知っていると役立ちます。

（1）理不尽な中傷、難癖、根も葉もない噂など
　あなたに落ち度がないなら、原因は嫉妬かもしれません。そういう人は相手にしないこと。ただし、目に余るなら、勇気をもって抗議し、自分の名誉を守ってください。

（2）他人の争いに巻き込まれる
　速やかにその場を立ち去ります。また、争いの火種に近づかないことも大切です。

（3）仲間外れ、いじめ
　仲間外れやいじめをされるような人間関係からは、距離を置くべきです。

（4）下品なからかい、セクハラなど
　相手はあなたの反応を見ているので、相手にしないこと。また、標的にされる状況にならないための用心が必要で、とくにお酒の入る席には注意したいものです。

（5）尊厳を脅かされること（パワハラ、モラハラなど）
　すぐに逃れて身の安全を確保します。必要があれば、信頼できる第三者に相談して協力を得て、二度とないように毅然と対応します。

◆易経×恋愛アドバイス◆ 同じ災難に二度と遭わないように、防げる手立てを講じよう。

LESSON 48
全員をひいきする

第48卦　水風井《すいふうせい》　䷯

〔卦辞〕井、改邑不改井、无喪无得。往来井井。汔至亦未繘井。羸其瓶。(井《せい》は邑《ゆう》を改めて井を改めず、喪《うしな》うことなく得ることなし。往来井を井とす。汔《ほと》んど至らんとして、またいまだ井に繘《つるべ》せず、その瓶を羸《やぶ》る)

〔意義〕水の豊富な井戸も、整備して使わないと生きない。奉仕と感謝の気持ちを。

だれに対しても平等に接するのが、よい人間関係の基本です。

特定の人だけをあきらかに「ひいき」してしまうと、そうされなかった人から不満の声がでてしまうこともあります。

一方で、ひいきをしてもらった人は、少しだけうれしい気持ちになるものです。

たとえば、子どものころに、親や先生からこっそり褒められてうれしかった、という思い出はありませんか？

「努力を褒めてもらえた」

「よさをきちんと見ていてくれた」

という、うれしい気持ちは、子どもも大人も同じです。そして、自分のことを認めて評価してくれた人に感謝し、好意が湧くものです。

このことを一歩進めて、ぜひ日ごろ接する「みんな」をひいきしてあげてください。

ひいきをするには、

・相手をよく観察する
・相手のすてきなところを発見する
・相手がよろこぶ言い方を考える

というプロセスが必要です。相手がよろこんでいるようだったら、その方法は成功です。惜しみなくみんなをひいきしてあげるといいですね。

◆易経×恋愛アドバイス◆ 人への敬意や思いやりは、いずれ自分に返ってくる。

LESSON 49

「できない」思い込みを手放す

第49卦　沢火革《たくかかく》 ䷰

〔卦辞〕革、巳日乃孚。元亨。利貞。悔亡。（革《かく》は巳日《いじつ》にしてすなわち孚《まこと》とせらる。元《おお》いに亨《とお》る。貞に利《よ》ろし。悔亡ぶ）

〔意義〕時機は熟した。革新せよ。

恋愛は何歳になってもできます。年齢や容姿などにコンプレックスがあっても、相手によっては関係なかった、ということはたくさんあります。ネガティブな思い込みは、早めに手放したいものです。同じように「できない」と思っても、実はできることのほうが多いです。行動する前からあきらめる必要はないのです。

また、昔はできなかったけれど、経験を積んだ今ならできる、ということもあります。「できる」ことは、あなたの努力でどんどん更新できるのです。

◆易経×恋愛アドバイス◆ 「できる」ことを無制限にアップデートしよう。

LESSON 50

落ち着いて、堂々とする

第50卦　火風鼎《かふうてい》 ䷱

〔卦辞〕鼎、元吉亨。（鼎《てい》は元《おお》いに吉にして亨《とお》る）

〔意義〕順調なれど、協力関係を失わないことが大事。

怒ったり泣いたりしている人が近くにいるとき、あなたもつられて動揺する必要はありません。むしろ落ち着いていることが肝心です。どっしり構えて安心させてあげましょう。

この易経第50卦、火風鼎《かふうてい》の鼎《てい》とは、鼎《かなえ》という、古代中国で神への供物の煮炊きに使用された金属製釜のこと。底についた三本の足でゆるぎなく支えるかたちをしていて、安定、安泰、平和などを暗示します。あなたは鼎のような存在でいてください。

◆易経×恋愛アドバイス◆不安な気持ちは伝染するので、あなたから努めて落ち着く。

LESSON 51

元気な人をめざす

第51卦　震為雷《しんいらい》 ䷲

〔卦辞〕震、亨。震来虩虩。笑言啞啞。震驚百里、不喪匕鬯。（震《しん》は亨《とお》る。震の来たるとき虩虩《げきげき》たり。笑言啞啞《あくあく》たり。震百里を驚かせども、匕鬯《ひちょう》を喪《うしな》わず）

〔意義〕激震走るときも冷静沈着にふるまえば、案外あっけなく過ぎ去るもの。

人生には、びっくりして震えあがってしまうようなハプニングもあります。社会にでると、そういったことへの対応力が試されることも増えます。不測の事態でまわりがパニックになりそうなときには、あなたが「元気印の人」になって、みんなを安心させてあげたいものです。

ここぞのときに一〇〇%のエネルギーをだせるように、気力、知力、体力をやしなうことや、周囲をよく観察していることが大事です。

◆易経×恋愛アドバイス◆ 元気になれないときは、無理をしないで大丈夫。

LESSON 52

小休止を入れる

第52卦　艮為山《ごんいさん》 ䷳

〔卦辞〕艮其背不獲其身。行其庭不見其人。无咎。（その背に艮《とど》まりてその身を獲《え》ず。その庭に行きてその人を見ず。咎《とが》なし）

〔意義〕沈思黙考、軽率な言動を慎む。

息切れせずに走りつづけるためには、適切に小休止を入れて、体と心を休める時間も必要です。失われた活力をチャージして、リスタートするためにもなります。

この易経第52卦、艮為山の教えは、山のように動かないことが吉となるときがある、ということを伝えてくれます。

今までがんばってきたあなたには、積み重ねてきた知識や経験が豊富にあります。それはあなたの支えとなり、多少休んだくらいで消えてしまうことはないのです。

◆易経×恋愛アドバイス◆ 小休止してまた歩きだすから、もっと高い山にも登れる。

LESSON 53 自分のペースで着実に歩む

第53卦　風山漸《ふうさんぜん》 ䷴

〔卦辞〕漸、女帰吉。利貞。（漸《ぜん》は女の帰《とつ》ぐこと吉なり。貞に利《よ》ろし）

〔意義〕正しい順序にしたがって、着実に事を進めるとよい。

わたしたちの一生は、幸不幸の波を繰り返すバイオリズムグラフのようなものです。人生で幸福ばかりつづくことはないですし、不幸ばかり連続して襲いかかることもなく、だれにでも幸不幸の波が交互にやってきます。ただし、幸不幸の波の大きさや形は、その人の生きるペースに合わせてそれぞれ違います。

あなたという存在は唯一無二。生きるペースが人と違って当然です。「人と違うこと」で不安になるときもあるかもしれないけれど、まわりのペースに惑わされず、自分が心地よいと感じるペースを保って着実に歩むことが大切です。

◆易経×恋愛アドバイス◆ 友情、愛情、知識、お金が適度にあると幸せを感じられる。

LESSON 54

目先の快楽に溺れない

第54卦　雷沢帰妹《らいたくきまい》 ䷵

〔卦辞〕帰妹、征凶。无攸利。（帰妹《きまい》は征《ゆ》くときは凶なり。利《よ》ろしきところなし）

〔意義〕情欲や目先のよろこびに溺《おぼ》れることには、注意しよう。

中毒性や依存性のあるものやことには注意が必要です。

たとえば、恋人と別れてすぐにほかの人とつきあいはじめる人は、さみしがり屋で恋愛依存症の傾向があるかもしれません。それがわるいということはないけれど、中毒性・依存性のあるものにハマってしまうと、まわりが見えなくなり、自分を見失ってだまされやすくなるなど、身の危険に気づきにくくなってしまいます。

この易経第54卦の雷沢帰妹は、情欲に溺れる危うさを警告しています。快楽には落とし穴もあることを忘れず、自分を守るようにしてください。

◆易経×恋愛アドバイス◆ 雷沢帰妹のもう一つの警告として、「ちぐはぐ」に注意。

LESSON 55

積極的に幸せになる

第55卦　雷火豊《らいかほう》 ䷶

〔卦辞〕豊、亨。王仮之。勿憂。宜日中。（豊《ほう》は亨《とお》る。王これを仮《おお》いにす。憂うることなかれ。日中に宜《よろ》し）

〔意義〕円熟もやがて衰えるが、悩まず公明正大に行動を。

なにを幸せと感じるかは、人それぞれ違います。また、自分の心や体が成長し、社会のなかでさまざまな経験をしていくにつれて、幸せだと思えるものやこと、幸せのかたちや考え方も、自然に変わっていくことがあります。

・今の自分にとって、なにが幸せなのか
・今の状態は、十分に幸せだと心から言えるのだろうか
・もしそうでないなら、どうすればもっと幸せになれるのか

このことをときどきあなた自身に問いかけて、積極的に幸せになってください。

なぜなら、まじめで一所懸命な人ほど、人のお世話にばかり追われ、自分の幸せを後回しにしてしまいやすいからです。

たとえ、「大切な人の力になりたい。それでよろこんでもらえたら、わたしは幸せ」という人も、自分を省みず尽くしすぎて心や体を壊してしまい、つづけられなくなるなら、相手にも自分にも不幸なことです。

次の「幸せ三か条」を心に留め、自分らしい幸せを見つけてください。

幸せ三か条

① あなたが積極的に幸せになることは、人のためにもなる。
② あなたが率先して幸せになることで、人を幸せにするお手伝いができる。
③ あなたが自分を大切にしてずっと幸せだと、あなたの大切な人たちもずっと幸せ。

◆易経×恋愛アドバイス◆ あなたの大切な人たちは、あなたの幸せを望んでいる。

LESSON 56

どこかへ旅にでる

第56卦　火山旅《かざんりょ》 ䷷

〔卦辞〕旅、小亨。旅貞吉。（旅《りょ》は小《すこ》しく亨《とお》る。旅《たび》には貞なれば吉なり）

〔意義〕不安定で不安なときは、無理せず受け身で対処すれば道は開ける。

わたしたちは、人生の旅人です。人の一生は、今このときを楽しんだり悩んだりしながら、命尽きるまで、あてのない旅をつづけるようなものです。

生きること自体がすでに旅をしているようなものですが、ときには実際にどこかへ旅にでて、リフレッシュすることをおすすめします。

日常を離れて、どこかへ旅にでることは、あなたの人生の旅路をもっと有意義で安全なものにする実地トレーニングになります。

どこか遠くへ旅にでるメリット

・新鮮な気づきが多く、視野が広がる

・世界は広く、いろいろな人がいるとわかる
・自分の常識が、どこでも通用するわけではないと気づける
・ちっぽけな思い込みから解放される
・自分から動けるようになる
・一人でもできる度胸がつく
・困り事を自分で解決する知恵がつく
・自分で計画を立て、実行するのがうれしくなる
・トラブルやハプニングに強くなれる
・危険を察知し、身を守れるようになる
・不安やさみしさを知り、人情の温かさが身に沁みる
・旅人へのやさしさに触れ、自分も人にやさしくなれる
・旅から帰ると、いつもの日常が輝いて見える

◆易経×恋愛アドバイス◆ フットワーク軽く旅にでるため、役割を終えた物事を手放す。

LESSON 57

迷いを払うヒントをさがす

第57卦　巽為風《そんいふう》 ䷸

〔卦辞〕巽、小亨。利有攸往。利見大人。（巽《そん》は小《すこ》しく亨《とお》る。往《ゆ》くところあるに利《よ》ろし。大人を見るに利ろし）

〔意義〕柔軟に適応する。決断に迷ったら、意見を聞く。

人生は、決断の連続です。この易経第57卦の巽為風は、決断に迷うときこそ、人の言葉に耳を傾ける大切さを教えてくれます。迷いを払って決断するためには、こんなプロセスも有効です。

（1）人と会話をする

迷っていることとは直接関係のない、なにげないおしゃべりにも、無数のヒントが隠されています。

「こんなのはどう？」「やってみたら？」

など、会話の中でなにげなく言われたことが、それまでの迷いを払い、具体的な行動をうながすきっかけになることがあります。

（2）第三者の意見を聞く

迷ってわけがわからなくなっているときは、急いで決断しないほうが安全です。一旦、冷静になるためにも、第三者からの意見を聞くことは大切です。当事者ではないからこそ見えるものがあり、客観的で現実的な意見が聞けます。

最終的な決断はあなた自身がするべきですが、そこへ至る判断材料が多いほど、迷いのタネが減っていきます。

（3）優柔不断はやめる

自分にとって正しい決断を下すためには、あらゆる可能性を柔軟に考え抜く必要がありますが、優柔不断でのらりくらりと逃げても、なにも解決しないで苦しむだけです。決断を下すべきタイミングが来たら、もう迷わないことです。

◆易経×恋愛アドバイス◆スランプ脱出のきっかけも、同じプロセスで見つけられる。

LESSON 58

話を聞いてもらう

第58卦　兌為沢《だいたく》 ䷹

〔卦辞〕兌、亨。利貞。（兌《だ》は亨《とお》る。貞に利《よ》ろし）

〔意義〕心たのしく、和やかに暮らそう。

気持ちがモヤモヤする、さみしさが心の中を支配している、なんとなく気分がすぐれない、気になっていたことがどんどん膨れあがってくる……こんなふうに、メンタルが不安定になってどうしようもないときは、信頼できるだれかに話を聞いてもらうと、少しは心が落ち着きます。自分ではどうにもできないつらい気持ちを、言葉にして吐きだすことが大事です。

そうして一時的にでも心の重荷を下ろすことで、つらさからあなた自身を解放してあげてください。

◆易経×恋愛アドバイス◆　聞いてもらったら聞いてあげて、おたがいに重荷を下ろそう。

LESSON 59
友情の絆を信じる

第59卦　風水渙《ふうすいかん》 ䷺
〔卦辞〕渙、亨。王仮有廟。利渉大川。利貞。(渙《かん》は亨《とお》る。王有廟に仮《いた》る。大川を渉《わた》るに利《よ》ろし。貞に利ろし)
〔意義〕停滞を吹き飛ばし、新しい出発をしよう。

出会いと別れを繰り返すのが、人生です。ライフステージが変わるたびに、接する人の顔ぶれが変わることは珍しくないことです。

でも、大切な人との絆は、たとえ遠く離れてもかんたんには切れない強いものです。絆のある人とは、以前ほどひんぱんに会えなくなったとしても、友情はつづきます。会えるときに会えばいいし、自然に任せて、固執せず、遠くから幸せを祈るほうが、友情は長くつづいていくものです。

◆易経×恋愛アドバイス◆ 友情はクモの糸のように、繊細だけど強くて切れにくい。

LESSON 60

「よし！」とキリをつける

第60卦　水沢節《すいたくせつ》 ䷻

〔卦辞〕節、亨。苦節不可貞。（節《せつ》は亨《とお》る。苦節は貞にすべからず）

〔意義〕節度を守り、誘惑をしりぞける。

物事には、必ず終わりがあります。なにごとも、キリのいいところで「よし！」と掛け声をかけ、きちんと終わらせることが重要です。

この易経第60卦の水沢節の節は、竹の節を表します。竹は節をつけることで、次への飛躍が大きくなるのです。それと同じように、うまくできたことも、できなかったことも、節目が来たら、一旦、締めくくりましょう。

終わったらきっぱり気持ちを切り替え、「良し！」という掛け声を自分にかけてあげてください。

◆易経×恋愛アドバイス◆　終わったことを潔く手放し、新たなチャレンジに備えよう。

LESSON 61

抱きしめてもらい、抱きしめてあげる

第61卦　風沢中孚《ふうたくちゅうふ》 ䷼

〔卦辞〕中孚、豚魚吉。利渉大川。利貞。（中孚《ちゅうふ》は豚魚《とんぎょ》吉なり。大川を渉《わた》るに利《よ》ろし。貞に利ろし）

〔意義〕誠意は人を感動させる。固い絆で結ばれ順調に進む。

易経第61卦の風沢中孚は、親鳥がその羽毛で卵をやさしく包んで温めているイメージの卦です。つらく悲しいときに一番効くのは、ただ抱きしめてもらうことです。可能ならば、好きな人、親しい人に抱擁《ハグ》をしてもらってください。あるいは、信頼できる人につらい胸の内を打ち明けて、温かな言葉であなたを包んでもらってください。

また、あなたも、身近に傷ついて疲れて人知れず涙している人がいたら、温かく抱きしめてあげるようなやさしい気持ちで接してあげられるといいですね。

◆易経×恋愛アドバイス◆　温かい思いやりでしか救われないこともある。

LESSON 62

自分の〝伸びしろ〟を信じる

第62卦　雷山小過《らいさんしょうか》 ䷽

〔卦辞〕小過、亨。利貞。可小事。不可大事。飛鳥遺之音。不宜上、宜下。大吉。（小過《しょうか》は亨《とお》る。貞に利《よ》ろし。小事には可なり。大事には可ならず。飛鳥これが音を遺《のこ》す。上るに宜《よろ》しからず。下るに宜し。大いに吉なり）

〔意義〕低姿勢で、小さなことを片づけるとよし。

たくさん勉強して、かなり経験を積んだとしても、

「世の中ははるかに広く、まだ自分が知らないことがたくさんある」

と、考えることは大切です。

「自分に不可能はない」

そう信じて挑戦をためらわず、自信がもてるまで力をつけてきたことはとても大事

ですが、それと同時に、

「まだ知らない世界がある」

という謙虚な向上心をもちつづけたいものです。

今の自分に足りない部分を自覚し、すすんで努力できる人には、〝伸びしろ〟があり、自分の想像をはるかに超える成長も見込めます。

・自分のよく知らないことをよく知っている人に「教えてください」と頼めること。
・力不足を自覚し、「がんばるので、協力してください」と言えること。

この二つができる人には、すばらしく大きな〝伸びしろ〟があります。

「教えてください、協力してくださいなんて、恥ずかしくて言えない」

「ちっぽけな自分を認めてしまったら、人からバカにされるかもしれない」

という心配はしなくても大丈夫です。信頼できる専門家《エキスパート》ほど、謙虚に教えや協力をたのむあなたの心意気に感動し、労をいとわず熱心に手助けしてくれます。

◆易経×恋愛アドバイス◆ あなたも頼られたら、快く手助けしてあげよう。

LESSON 63

みがいたスキルを活用する

第63卦　水火既済《すいかきせい》 ䷾

〔卦辞〕既済、亨小。利貞。初吉終乱。（既済《きせい》は亨《とお》ること小なり。貞に利《よ》ろし。初めは吉にして終わりは乱る）

〔意義〕努力して完成させたら、維持することが大切。

社会のなかで自分らしく輝くには、これまでコツコツとみがいてきた自分の強み（ライフスキル）は、せっかくなら多くの人を幸せにして社会に貢献するソーシャルスキルとして活用していきたいものです。

（1）人気

人がチャンスをもってくるので、たくさんの好意を集めて人気を得ることは、最初にみがきたいライフスキルです。

（2）専門性

とびぬけた才能があることや、人と比べて秀でている必要はないのです。「自分なりに、よくできていること」「だれかの役に立っていること」「それをすると特別に楽しいこと」などが、あなたにとっての専門性になります。

たとえば、「世話役をすることが多い」「会計係に慣れている」なども専門性です。

（3）勇気

人は協力しあってこそ、一人ではできない偉大なこともなしとげられます。そんなビッグチャンスに誘われる人は、人に好かれて人を幸せにできる人、実力に専門性が加わった人、そして勇気ある人です。

この易経第63卦の水火既済は、これまでの努力によって完成や成就にたどりつけたことを意味します。全64卦のラスト前なのにハッピーエンドのようなこの卦辞には、「完成や成就は一つのゴールだけれども、実はそれだけではない」という奥深い教えが隠されています。

◆易経×恋愛アドバイス◆どんなときも淡々とみがいてきたスキルは、強くて頼もしい。

LESSON 64

この世はいいところだと信じる

第64卦　火水未済《かすいびせい》 ䷿

卦辞〕未済、亨。小狐汔済、濡其尾。无攸利。（未済《びせい》は亨《とお》る。小狐汔《ほと》んど済《わた》らんとして、
その尾を濡《ぬ》らす。利《よ》ろしきところなし）

〔意義〕未完成。うまくいっても、いかなくても、粘り強く柔軟に対処していく。

易経では、あらゆることが移り変わると繰り返し書かれています。完成形も不変ではなく、また未完成の課題が現れます。それが第64卦、火水未済の教えです。

一つのハッピーエンドを迎えても人生はつづき、新たなスタートのときが来ます。

新しいことをまた一から始めるタイミングで、なにをすべきか迷ったら、

「いつか叶えたい夢」

これをまず思い浮かべ、そこにアプローチするための戦略を立て、実行してください。夢へのアプローチ方法は、一つだけとは限らないです。むしろ、成功への道筋は

いくつもあったほうが、叶えられる確率が上がります。

「急にそんなことを言われても、いつか叶えたい夢なんてわからない」

という人は、こんなイメージをもつといいですね。

【質問】あなたの目の前に神様が現れ、

「あなたの夢を一つだけ叶えてあげよう」と言っています。

あなたは、「今の自分では絶対無理な夢」の実現を神様にお願いすることができます。それは、どんな夢でしょうか？


自分の夢を自覚することから、すべてが始まります。その夢に挑戦する前からあきらめないで！　あきらめなければアプローチの方法を探しつづけられます。

もし不安になったら、「この世はいいところだから、わたしの夢は叶うんだ」と信じること。信じてがんばる人は報われます。あきらめなければ夢は逃げないのです。

◆易経×恋愛アドバイス◆　「いつか叶えたい夢」も、一つと言わずたくさんあっていい。

おわりに　自分を変えられるのは自分だけ

宇宙に果てがないように、易経から学べる叡智《えいち》もまた限りないものです。

易経は第1卦に始まり、第64卦でリスタートが示され、また必要な場所から始まっていく循環構造になっています。それ自体が、「初心に返れば、何度でもやり直せる」という、天からわたしたちへの応援メッセージのようにも見えます。

本書もそれと同じように、最後まで読み終わってもぜひ手元に置いて、何度でも開いてみてください。また新たな発見があるでしょう。

とくに、生きる上で迷ったり、悩んだりしたときに、

「そうだ、あの本にヒントがあったかもしれない」

と、読み返して活用してもらえたら、これよりうれしいことはありません。

尚、易経によると、万物は陰陽のペアでできています。人生は、陰のときと陽のときが繰り返しおこり、成り立っています。静かに力を蓄えるときが陰、その力を発揮

するときが陽です。陰でエネルギーを溜めたら、陽で勇気をもって行動にでましょう！

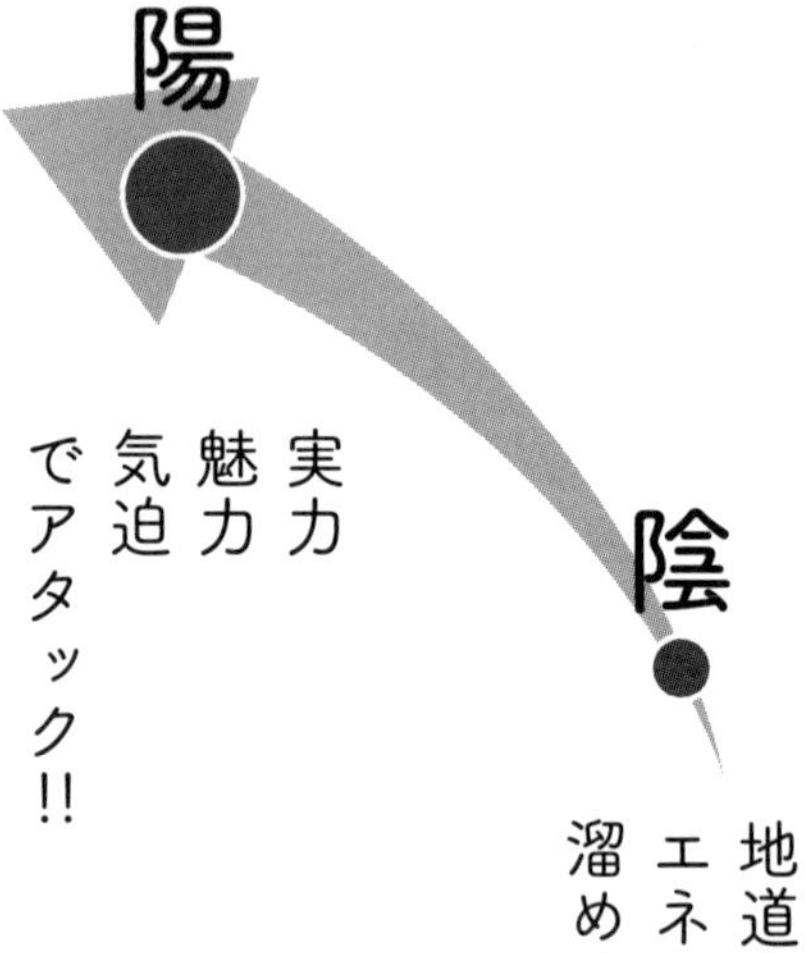

易経は儒教の経典の一つですが、「占いの原典」でもあります。卦辞に書かれた吉凶は変えられない宿命ではなく、運命を切り開くために自分がいつ、なにを、どのよ

うに努力すればいいのかを示してくれます。さらに、恋愛経験から人生の知恵の多くを学べます。

あなたのスキルと知恵で、あなた自身とまわりの人を幸せにできます。自ら考えて動いてこそ人生は輝きます。ひらめきを大切に、もっともっと輝いてください。

（参考文献）

丸山松幸訳『易経』中国の思想Ⅶ（徳間書店、１９９６年）
今井宇三郎著／辛賢編『易経』新書漢文大系40（明治書院、２０１９年）
高田真治／後藤基巳著『易経』ワイド版岩波文庫１０８　上・下（岩波書店、１９９３年）
竹村亞希子・都築佳つ良著『こどものための易経』（致知出版社、２０１８年）

著者プロフィール

渡邊 真希（わたなべ まき）

愛媛県出身、在住
広島大学経済学部卒
えんがわプロジェクト実行委員会主宰
私塾でリーダー学を学ぶ。

占庵コトノハ代表
手相家
九星気学カウンセラーとしても活動。
手相・九星気学・易学の占術をもとに、
一歩を踏み出すタイミングや、今すべきことをアドバイス。

【資格】
高等学校教諭一種免許状（商業）、宅地建物取引士（家相で使用）

易経でもっと幸せになる　64の人生レッスン

2023年6月11日　初版第1刷発行

著　者　渡邊 真希
発行者　瓜谷 綱延
発行所　株式会社文芸社
〒160-0022　東京都新宿区新宿1－10－1
電話　03-5369-3060（代表）
03-5369-2299（販売）

印刷所　株式会社エーヴィスシステムズ

ISBN978-4-286-27028-9

Ⅰ 上卦

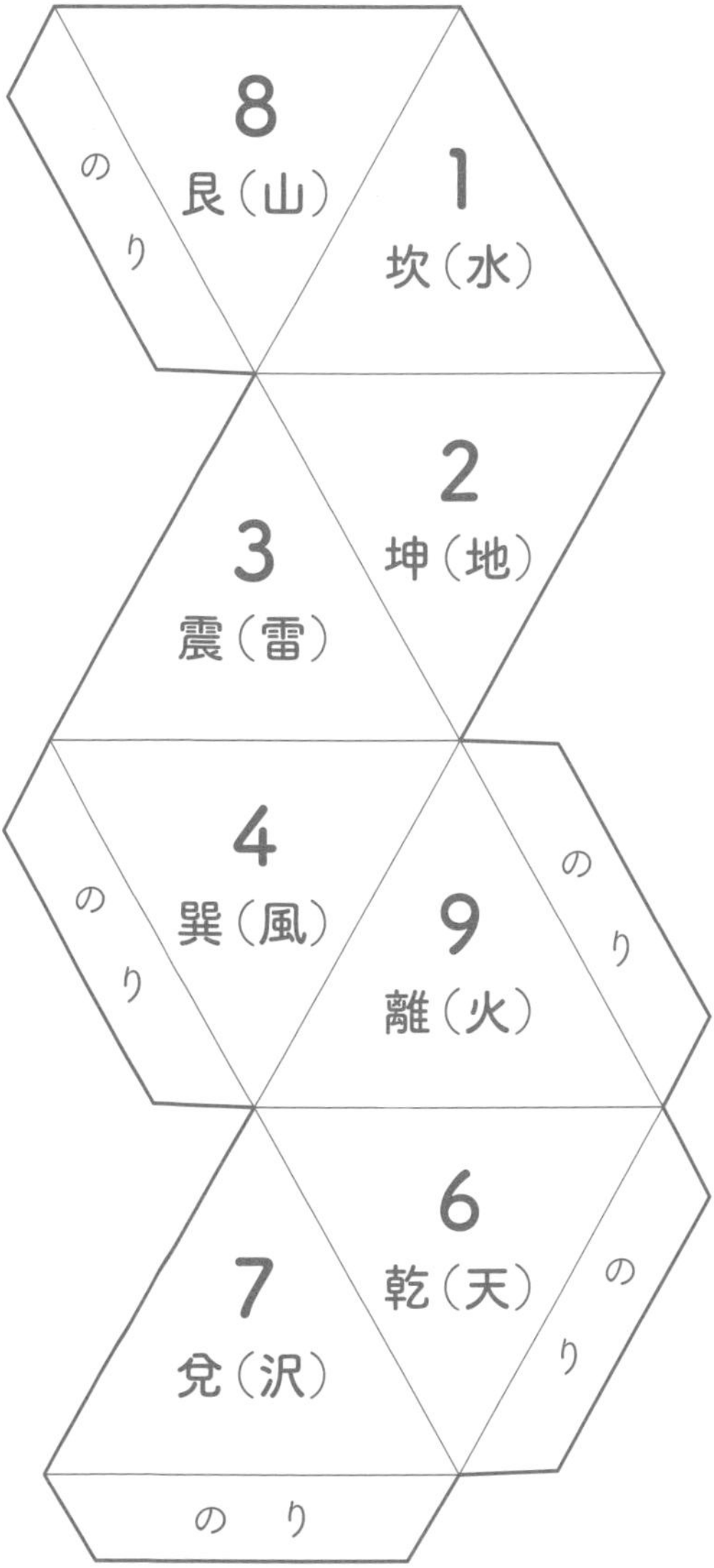

キリトリ

Ⅱ 下卦

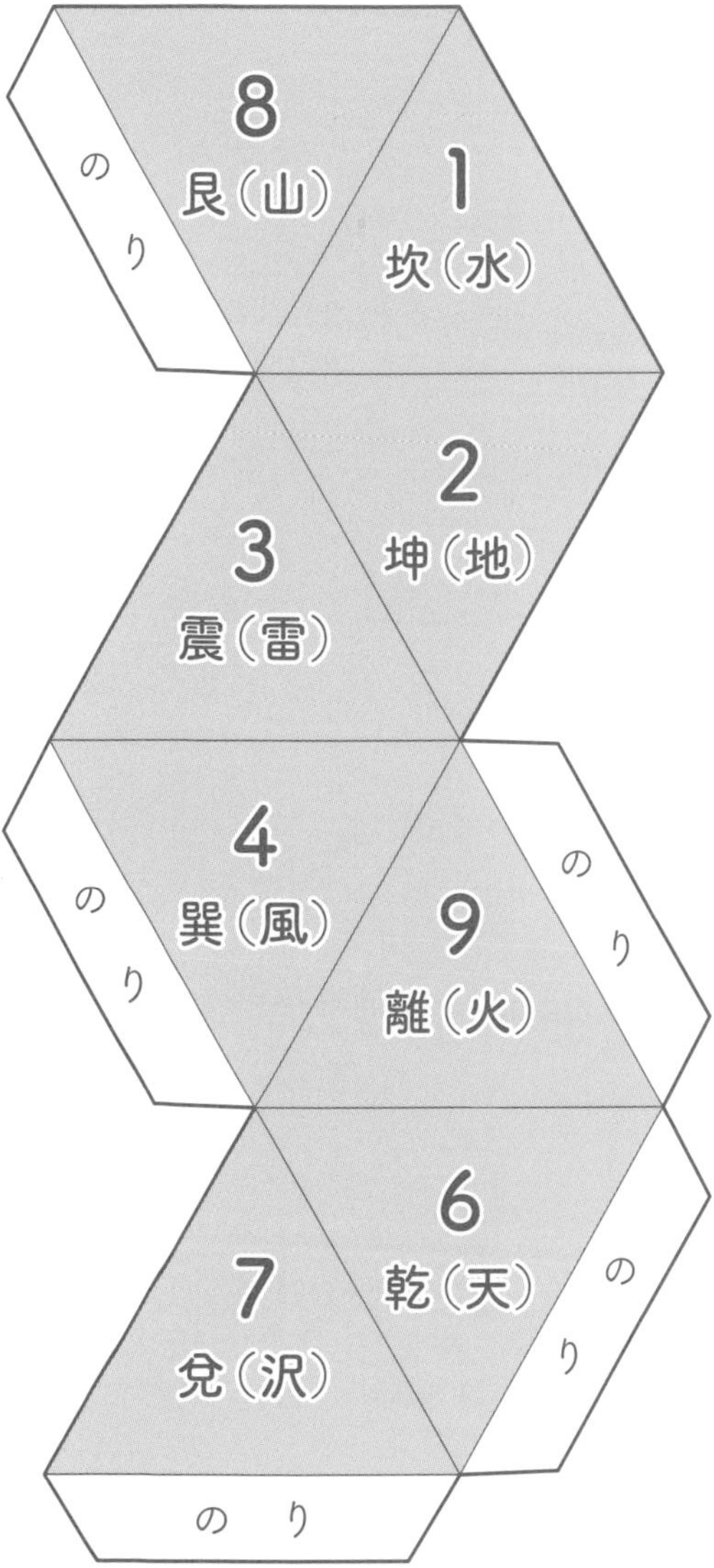

キリトリ